“身為父母，我們很快會面對自己的軟弱和失敗。非常感恩能成為一名父親，我從來不曾這麼謙卑過。我覺得這也是上帝的計畫之一。”

力克・胡哲於二〇一〇年遇見了他生命中極為重要的一名女子——宮原佳苗 Kanae Miyahara，兩人於二〇一二年結為連理，而今他們已是四個小孩的父母。

圖片提供｜力克・胡哲 Nick Vujicic

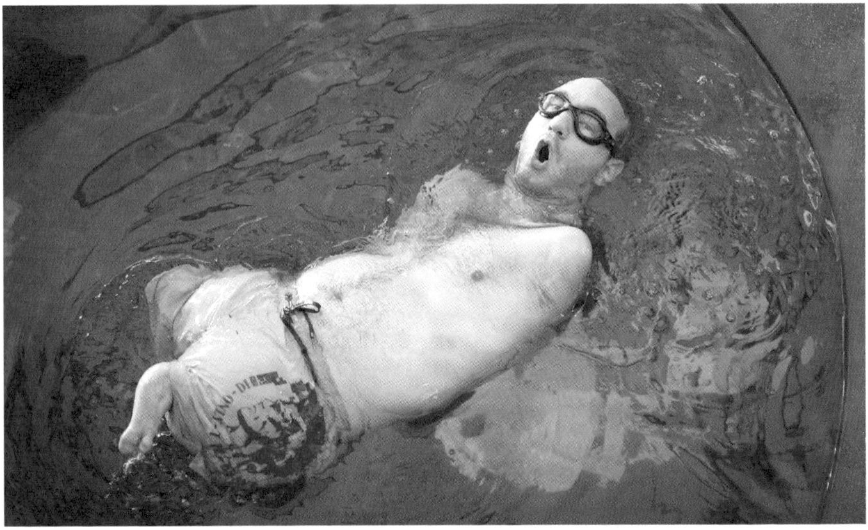

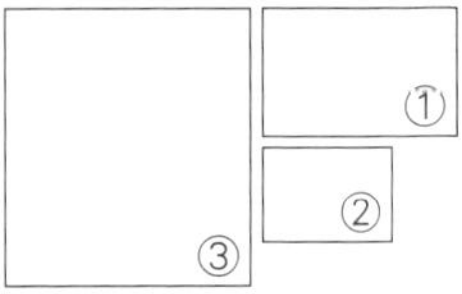

① 力克‧胡哲巡迴演講行程來到新加坡，二〇一三年九月五日走訪聖淘沙名勝世界時，進入水上探險樂園「與鯊同游」活動的保護裝置中。

②③ 二〇一四年力克、佳苗夫妻攜長子清志前往夏威夷度假。

“為人父母和夫妻，我們一定要讓溝通管道保持暢通，而且一定要把信仰擺在生命的最前線。”

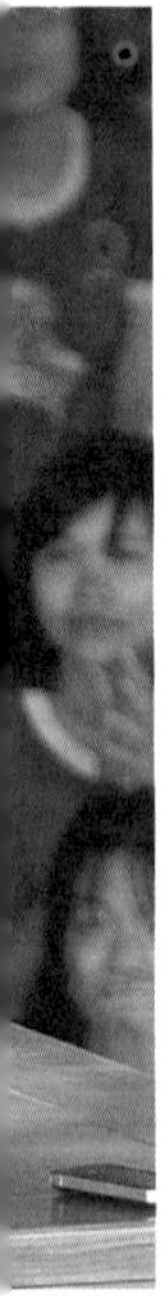

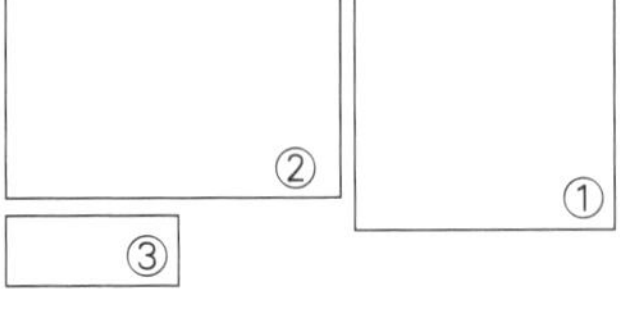

①② 力克・胡哲於越南河內的美亭國家體育場，對二萬五千名學生發表演說。

③ 力克・胡哲演說情境，攝於哥斯達黎加首都聖荷西一場演講活動中。

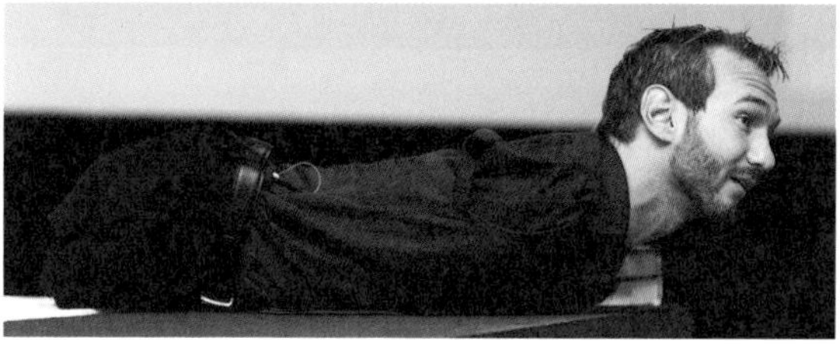

“分享信仰最好的方式，就是活出信仰所教導你的一切，尤其是在極度壓力之下，在特別充滿挑戰的時候，在你覺得好像苦難一波波排山倒海而來的時候。”

力克目前透過各種管道分享，已觸及人口數量為十二億，未來他的目標是七十億。

① 肯亞奈洛比五日演講參訪期間，前往一處兒童中心，與遭棄養幼童親密互動。

② 二〇一五年三月二十九日，俄羅斯聖彼得堡演講參訪活動中，來到彼得保羅要塞。

③ 力克正前往墨西哥普埃布拉州參加一場會議。攝於二〇一四年一月三十一日。

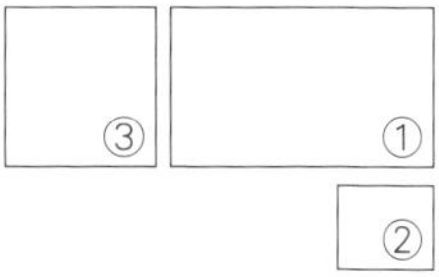

“

我覺得所有的基督徒都必須肩負一個責任，就是去分享他們的信仰，與帶人認識耶穌。祂的追隨者，最終都將是得人如得魚的「漁夫」。我們不能只是乘船的乘客，還必須要撒網，因為人海中還有許多人，他們需要上帝在愛裡的救贖大能。

”

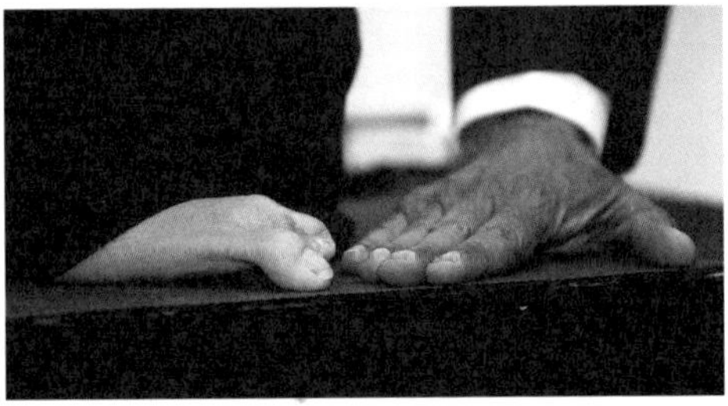

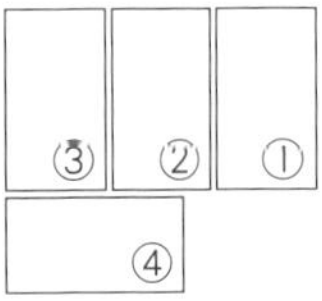

① 二〇一一年一月三十日於瑞士達沃斯世界經濟論壇上發表演說。
② 二〇一二年九月十二日於紐約市，諾瓦克喬科維奇基金會所主辦就職晚宴上，與卡蘿琳娜 · 帕森斯合影。
③ 二〇一二年九月十二日於紐約市就職晚宴上，與諾瓦克 · 喬科維奇相談甚歡。
④ 哥斯達黎加參訪活動，力克 · 胡哲於幾場會議中為肢障人士發表演說。照片攝於會場。

“當上帝向我顯明了祂造我的目的，以及讓我看見人們聽見我故事後的回應，沒有四肢這件事就變得一點也不殘酷了。”

第 2 至 8 頁圖片提供｜達志影像

BE THE
HANDS
AND
FEET

LIVING OUT GOD'S LOVE
FOR ALL HIS CHILDREN

成為上帝的手與腳
不完美的超完美人生

Nick Vujicic 力克・胡哲——著　雷應婕 譯

我想把這本書獻給我最深愛的父親，鮑里斯・胡哲（Boris Vujicic）。在二〇一七年五月十四日，他回到天父的家中了。

那美好的仗我已打過，當跑的路我已跑盡，所信的道我已經守住了。

——提摩太後書 4:7

目次

第二部 建造團隊 Building The Team

第三部 有始有終

Finish Well

如果上帝可以使用一個沒有手沒有腳的人來成為祂的幫助，那麼祂絕對會使用任何一顆願意服事的心！

——力克・胡哲

各界推薦

（以下依主任牧師、弟兄姊妹二類，各按姓氏筆畫排列）

一道照亮世界的榮光

——台北復興堂主任牧師 柳子駿

在聖經裡面，有一段關於耶穌的故事常在我心中迴盪，故事中有一個人，故意為難耶穌，問祂說：「關於一個生來就全盲的人，到底是誰犯了罪造成的？」這個問題的本身，就已經妄自下了一個結論，似乎生來有問題的，都是罪帶來的詛咒或羞辱。那一天，耶穌堅定的回答了這個帶有暗示性的問題，祂說：「為了要彰顯神的榮耀！」多麼蕩氣迴腸的一句話，一棒打醒了一個想要看耶穌出糗的人，也打醒了每個用缺陷的鏡片，去體悟美麗人生的我們。

從力克・胡哲的身上，我們真實的看見了這道彰顯出神榮耀的光，而且照得我們好暖好暖。書中提到：「如果上帝可以使用一個沒有手沒有腳的人來成為祂的幫助，祂絕對會使用任何一個願意的心。」沒有一個人不能被神使用，沒有一個軟弱不能帶下化妝的祝福，也沒有一個困難大到你可以現在說放棄，更沒有一個難題在神不能解決的。

就是這道榮光，今天也正在世界照亮，我祈禱它能祝福到每個正在讀這本書的人，為每個黑暗的人生，帶下一道希望，看到的再也不是缺乏，而是豐富；看到的再也不是缺陷，而是滿足。

——紐西蘭海灣城市福音中心主任牧師
康麥克 (Rev. Mike Connell)

不設限的視野和盼望

神的恩典夠我們用，因為神的能力在我們的軟弱上顯得完全。——哥林多後書 12:9

力克．胡哲從世界的眼光來看，可說是極其軟弱的一個人，但上帝卻在他的身上顯明了超凡的恩典，開啟了這世代的人類對生命不設限的視野和盼望！

——元智大學社會政策暨科學社會學碩士、
桃園少年之家執行長 張進益牧師

讓我們也成為祝福的器皿

力克．胡哲在校園裡幾乎大家都耳熟能詳，當接到邀請要協助寫推薦書序，我一來開心一來謹慎的推開一些事務，認真的看著這本書，每個人都是上帝美好創造，但我們一不小心把上帝的創造，認定為每一個個體都是複製品，自然互相比較，換來的是互揭瘡疤？還是油然生出包容與愛心？甚或看出每個人的價值？

從書中可以看出其中心境轉換的關鍵，我靜下心看著這本書，生出感動，讓我有所啟發，許多篇幅引動著我內心。

這些年與大改樂團也是四處演講分享，透過這本書讓我更加添信心，知道我當作的、當行的事啊！書中更提到了許多常遇見的基督徒發問，淺顯易懂十分適合作為福音的問答。尤其，力克・胡哲在這麼多的國家演說中，他對於生活點點滴滴的紀錄，使我看完這本書更是感動及佩服。從自卑的與眾不同，生發上帝的愛，活出自信的與眾不同，並且用心在生活中的每一刻，這需要極大的信心及操練啊！我真誠極力的推薦此書，這是一本可以轉換心境，激發對生命價值重定義的好書，絕對可以讓我們從中洗滌淬鍊，讓我們也成為祝福的器皿。祝福您從這本書中得到滿滿的愛與感動啊！

——屏東和平長老教會主任牧師
屏東縣 icare 愛關懷協會理事長 葛兆昕

收割一個有影響力、翻轉世代的未來

教會是祂的身體，是那充滿萬有者所充滿的。——以弗所書 1:23

當我一看到這本書的書名《成為上帝的手和腳》，我就被深深的觸摸了，而看完了內容，更是讓我感動不已！

這不光是一本激勵人心的故事，更是一本挑旺我們實踐信仰的書籍！

耶穌基督救恩的奧妙之處，在於祂把我們救成了祂的身體——教會，教會的命定，就是反映祂、彰顯祂與代表祂！這是每一位基督徒所應該知道的事實，這也是力克．胡哲所知道的事實！然而，他不光是知道，他更是活了出來！這本書就是力克．胡哲「實踐真理」的紀錄！內容包含他的見證、外展計畫的實例、在生活中真理的實踐，以及他如何指導、協助人，連結其他基督徒，一同拓展神國，致力完成主所託付的大使命的紀錄。

這些並不只是冰冷的文字紀錄，而是充滿了熱誠、對人的負擔、對神國、對福音、對大使命的熱切投入，也包含身為丈夫、身為父親、身為人子的真情流露與信仰經歷。而我也相信，不僅是力克．胡哲，每一位基督徒都能帶出影響力，使萬國因我們得福！那麼，何不從現在開始，從我們所在之處開始，從關心我們身旁的人開始，給予他們微笑、關懷、傾聽、友誼與幫助，分享我們的生命、愛與信仰。

現在決定未來！讓我們都成為上帝的手和腳，與力克．胡哲一樣，撒種在每一天的生活中，我們一定能收割一個有影響力、翻轉世代的未來！

喜樂美好的祝福

在神沒有難成的事情，人看為傷心的咒詛，上帝可以使用變為喜樂美好的祝福。力克・胡哲的生命是從榮耀到「榮耀的榜樣」，願上帝大大使用本書中文版的發行，成為全球華人蒙祝福、得激勵、受安慰的管道。

——新店行道會創會牧師張茂松

得生命並且得的更豐盛

讀完此書心中響起耶穌的一句話：「我來了是要叫羊（人）得生命並且得的更豐盛。」力克・胡哲正是耶穌這句話最好的見證：他親身領受上帝無條件愛的生命，他也懂得成為上帝的手與腳去分享這份愛，使他的生命更豐盛。

——台北真理堂主任牧師楊寧亞

我深信此書會帶給許多活在病痛中的人，特別也是沒手沒腳的人安慰，同時也會帶給所有有手有腳健康的人激勵。讓我們一起在這個充滿苦難的世界成為上帝的手與腳吧！

神所預備叫我們行的

——新生命小組教會主任牧師 顧其芸

你們得救是本乎恩，也因著信；這並不是出於自己，乃是神所賜的；也不是出於行為，免得有人自誇。我們原是祂的工作，在基督耶穌裡造成的，為要叫我們行善，就是神所預備叫我們行的。——以弗所書 2:8-10

與大家共勉之～！

讓自己是光是鹽

——歌手、電視台購物專家 任潔玲

很多時候，我們不必問上帝為何要這樣做，因為上帝的旨意高過我們的旨意。力克・胡哲是一位願意被上帝使用的人，他有條件問上帝為何要這樣，但他選擇順服上帝，於是他看見上帝最美好的旨意在他身上。你會思想上帝要選擇怎樣的人成為祂的代言人，從力克・胡哲身上看見，一個願意被上帝使用的人就能成為上帝的代言人。

上帝是萬能的，祂並不需要人類為祂做什麼事，很多時候，我們想幫上帝忙，反而是幫倒忙。成為上帝的手與腳，讓認識上帝的基督徒能夠學習怎麼不幫倒忙。也讓還沒有認識上帝的朋友，能夠知道怎麼活得更卓越，更快樂。

上帝是光，我們也是光，看這本書，能夠讓自己是光是鹽。

——綜藝節目主持人、歌手、演員、唱片製作人　吳宗憲

用進廢退

力克，佩服你❤

人總是先有想法，然後有說法，最後才能有做法。

他不能夠有任何實際的行動去完成嘴巴說的，和心中想的任何一個理想或者夢想……但是，也就是因為沒有了手腳的功能，所以他完完全全運用了「他還可以思考、他還可以說出來」這兩件看似簡單，其實困難的事……

這不正是上帝在關了他的門之後，另外開出來的美好窗景嗎？

今天快樂，那今天就快樂了；

明天快樂，那明天就快樂了；

後天快樂，那後天就快樂了；

每一天快樂，

那你的人生，就快樂了！

先別去想一些你所沒有的，趕快用力去開發享受你所擁有的！

——歌手、金鐘獎最佳行腳節目主持人　倪子鈞（小馬）

天生我材必有用

天生我材必有用，這句話在一個天生缺了四肢的人身上，實在為難！但力克．胡哲找到了，他不只找到，還活出了上帝在他這看似不完美的生命當中的超完美計畫！

這本書可以鼓勵所有基督徒的弟兄姊妹，別輕看神的揀選，勇敢回應神的呼召，走進神在我們生命當中的計劃，與神同行！

更可以讓還未認識上帝的朋友們，知道上帝是如何看待我們這每一個祂所愛、所創造的生命！

——歌手、演員及音樂創作人　劉畊宏

活出一個美好的人生

每次聽到力克．胡哲分享。那個講台上的聲音在我心中就像是一個巨人，他話語的力量，總是能夠激勵我們，觸動著我們的心！

他將生命活得如此精彩，也讓我們每個人都沒有藉口去平凡度過我們的一生。而他生命核心的價值跟信心的源頭，就是我們所認識的上帝。

願更多人能夠看到神在他身上所彰顯的大能，跟神蹟奇事！鼓勵著我們每個人在人生的道路上更有希望，更有盼望！更能活出一個美好的人生。

——第27屆金曲獎最佳客語歌手　羅文裕

反敗為勝

從力克・胡哲的身上看見，任何一件事都是可能反敗為勝的！

推薦這本書非看不可！

——譯者序

將一切頌讚榮耀，都歸給我們在天上的父

亞伯拉罕所信的是那叫死人復活，
使無變為有的神，他在主面前做我們世人的父，
如經上所記：「我已經立你做多國的父。」——羅馬書 4:17

能夠翻譯到力克・胡哲的這本書，其實完全是上帝做的一個神蹟。力克・胡哲在我生命中，兩次扮演了很關鍵性的角色。一次是在我剛信主不久，一次則是這次的翻譯。就像力克在書裡提到的許多故事一樣，上帝使用了力克成為祂的手與腳，透過他的服事對我的生命說話。

還記得第一次在台北見到他本人，是發生在我剛信主不久的時候。當時我剛好走到人生

音樂事業最低谷，幾乎完全失去盼望的時候。就在跟我的樂團做完迷你專輯的當下，因為種種因素我們宣布解散。之後我與經紀人不斷的尋找唱片公司與發片機會，卻四處碰壁。過程中我曾不斷跟上帝禱告，為我的音樂事業開路，但卻總是沒有發生。在用盡自己的方式卻沒有結果，萬念俱灰的最後一刻，我跟上帝禱告：「若是祢要我繼續走在音樂的路上，請祢用祢的方式告訴我，帶領我，若是不要，也讓我知道祢對我的心意是什麼。」

在禱告之後大約兩個禮拜的時間，有一天我去到了教會。當時教會的牧者告訴我力克•胡哲要來台北演講的消息，也因為這是他首次來台，我們教會將在他演講前做出一個敬拜團獻詩的演出。當時雖然我還未受洗，也未加入敬拜團，教會的牧者仍舊鼓勵我一起參與，希望我能夠在過程中經歷上帝。而當時力克來台演講的場地，就是位於市中心的，台北小巨蛋。相信不在演藝圈工作的大家都知道，許多歌手夢寐以求所想達到的心願，就是希望有一天能站上台北小巨蛋演出，而上帝用了這個最不可思議的方式，在不到兩週的時間內，成就了這個神蹟。

當我站在小巨蛋聚光燈前彩排的當下，我非常清楚的記得，我聽見祂在跟我說：「孩子，我要你在音樂路上走下去，但你願意為我而唱嗎？」就在這次經歷之後，隔年的一月一日，我正式受洗成為了基督徒。後來幾年，我在上帝的帶領之下，穩定在教會與小組的經營與建造當中，而現今，我不但是個有發行作品的歌手，更在上帝一次次的引導呼召之下，成為詞曲創作人、配唱製作人、演唱和聲、歌唱老師，擁有多重身分。當然，現在還多了一個身分就是，翻譯作者。

這次翻譯的合作，是一個很偶然，甚至可以說，是從上帝手上掉下來的工作。在這之前，我從來沒有從事過任何翻譯相關的工作，也毫無此方面的經驗。上帝奇妙的透過我短暫回台的阿姨，在一通電話之下，讓這份工作落到了我的身上。當時出版社不但不在乎我的零經驗，甚至也沒有要求看我的履歷，或是試翻文章來確認我的能力，只說了一句：「我們希望找一個基督徒來翻譯此書，我相信你可以。」就在這樣的情況之下，他們同時告知我，此書是力克．胡哲的最新書籍，也是他的第一本呼召福音書。

面對如此奇妙，卻又有極大壓力的挑戰邀請，我不敢掉以輕心。但在與教會牧者幾番禱告之後，感受到上帝的平安與同在，於是決定接下了此書的翻譯。翻譯的過程中，每每遇到時間的壓力，與翻譯的壓力時，我都不斷的來到神的面前禱告，求祂帶領我完成這份祂交代給我的工。而祂也非常奇妙的總是在每一次的翻譯進度裡，呼應到教會每週的主日信息與異象，更加印證了上帝祂自己的作為，讓我一步步在祂的裡面不斷的走下去。

而就在翻譯初稿完成的當月，更奇妙的事發生了。教會在主日公開宣布，要開啟教會主日的英文堂，為了預備將來無國界的福音佈道與接軌，回應上帝的呼召。就在當下，我終於明白神為什麼要我翻譯這本書。祂為我預備了福音雙語的根基能力，就是為了要成就接下來的每個計畫。而我，就很像一塊小小拼圖般，同心完成了這片大藍圖。

上帝的心意，總是超過我們能看見與想像，我們永遠無法參透。但當你願意順服在祂的帶領之下，祂一定會讓你看見祂的應許、供應，與祂真的是那一位又真又活的神。

寫了這麼多，我相信讀到這裡，你們一定很期待力克所寫的內容，希望上帝透過這一本書，對你說話，也在你生命裡成就使無變有、死裡復活的大事！將一切頌讚榮耀，都歸給我們在天上的父。

前言

佈道的冒險之旅

基督的身體就是你，
基督在這世上的手與腳就是你，
透過你的眼睛祂要你去看，
憐恤珍愛這個世界。
透過你的雙腳，祂要行美善的事，
透過你的雙手，祂要祝福這個世界。
——聖亞維拉的德蘭〈基督的身體就是你〉

你拿起這本書的第一個想法可能是：「一個沒有手沒有腳的人，怎麼會覺得自己可以是耶穌在這世上的幫助？」

我認同，這毫無疑問是一個非常好的問題。在我成長的過程中，我也問過自己這個問題好多次。上帝如何在一個沒有手沒有腳的人身上，成就祂的旨意？

可想而知，前面聖亞維拉的德蘭的引言，對我來說有極大的衝擊。他的話成為我這條路上的引導之一，使我找到上帝對我的呼召，成為一個啟發別人的講者，與分享信仰的基督徒榜樣。我不是全能的，但我盡我所能做的一切來推動大家，一起充滿上帝的家。這是身為基督徒的每一個我們，所應該做的事。

我們真實的樣子，是來自於我們每一天如何生活。如果你想影響別人，你能做的最重要的事就是，成為一個——活出你所相信的原則、價值與信仰的人。這話對基督徒來說特別地真實。分享你信仰最好的方式，就是活出你的信仰所教導你的一切，尤其是在極度壓力之下，在特別充滿挑戰的時候，在你覺得好像苦難一波波排山倒海而來的時候。

你身邊的人會觀察、紀錄你，面對生活最艱難的時刻時你是如何反應的。他們觀察你如何去愛與對待身邊的人；他們會透過看你如何管理自己；如何在人生最黑暗的時刻活出你的信仰，來判斷你的真實度。

這其中一部分智慧，是知道什麼時候該站出來強烈反應，什麼時候該讓事情過去。這不代表我們要武裝起一個堅強的外殼，或是鋼鐵般的笑容，或是為了維持形象而保持正面。這是有關於如何從內心裡面得著力量，不致被絕望吞噬，進而一步一步朝著正面的方向走去。

我常常與人分享我人生中所遭遇過的挑戰——從出生我就缺少一般人該有的四肢；在描

述我的人生旅途時，我常常會提到自己早期在信仰裡的軟弱；幾次因為絕望與沮喪而試圖自殺的經歷；以及到後來如何漸漸明白，其實我不是上帝的錯誤，相反地，上帝真的對我這個「超完美的不完美小孩」有一個計畫與旨意。

在我之前的書籍、我父親的書籍，以及許多演講與影片裡，都依序分享了我人生的故事。本書所涵蓋的則是我最近的一些主要經歷，還有一些恐懼，但比較多的是關於上帝「在我身上的工作」——關於我如何找到我的呼召，成為上帝在這世界上的手與腳，如何在最近的一些挑戰當中，更加印證與堅固這個呼召。還有，我與你可以如何擴大我們的影響力，透過活出我們的信仰，與啟發、關愛、服事他人，帶領更多神的孩子來到祂的面前。

我曾經想過將這本書取名為「佈道的冒險之旅」，但很可惜，近年來在世界上某些地區，「佈道」兩個字被蒙上了負面的標籤。好吧，我能理解。

太多人有過接觸過度熱情的基督徒的經驗，他們的出發點可能都是好的，但總是因為接觸和邀約的方式不夠有智慧，而使人退卻。他們可能會給人過度強硬的感覺，或是在意自己的規劃目標，多過關心對方的感受或想法。

我覺得所有的基督徒都必須肩負一個責任，就是去分享他們的信仰，並且帶人認識耶穌。祂的追隨者，最終都將是得人如得魚的「漁夫」。我們不能只是乘船的乘客，還必須要撒網，因為人海中還有許多人，他們需要上帝在愛裡的救贖大能。我希望透過這本書能夠啟發你找到最適合你的方式，來服事我們在天上的父。

很多人在祈禱神國的「復興」，這是一個被過度使用的詞彙，尤其是在美國與其他西方國家中。「復興」到底是什麼樣子？我個人單純只想滿足神在愛裡的命令，去傳講福音，看見人來到耶穌面前，與祂展開一段持續經營的關係，每一天都被祂塑造改變，成為一個真正跟隨祂的人。

許多人在等待復興的運動，可是神要我們做的其實是最簡單的事——告訴其他人祂為你死裡復活，這事卻不常有人做。我們說：「神啊，求你動工。」神說：「我會透過你來動工，當你行動的時候。」

第一部

讓你的光照耀出來

Letting Your Light Shine

1 被呼召服事主
Called To Serve

我一開始絕對沒有想到，自己會被上帝呼召成為祂的手與腳，成為一個傳講福音好消息的傳道人。雖然我生長在一個虔誠的基督徒家庭，父親是位帶職牧師，但我承認，有一段時間我也曾經是個在學校裡會排擠「上帝幫」的青少年。我想要讓自己變得很酷，跟其他青少年談論自己的信仰，一點都不酷。

想要很自在且有效地與人分享我的信仰，首先必須對自己和自己的信仰感到自在。即便當時我已經接受耶穌基督成為我的救主與我的王，卻還沒有打算要站出去傳揚耶穌拯救人們的福音。我想要成為一個職業足球員，但因為我的身量天生如此貼近地面，聯盟高層規定，任何人都不可以阻擋我運球。所以最後為了對夥伴們公平起見，我只好轉而追求別的職業。

劃掉為曼徹斯特聯隊踢球這個選項後，我不知道我該做什麼。我的父親，這位帶職牧師，覺得我應該可以勝任會計師這項職業。所以在沒有其他更好選項之下，我遵從了他的建議。從來沒有想過我的信仰會成為我的職業，因為這是我生活裡非常個人與私密的一部分。

我們家族去的教會，是一個宣聖會的使徒性基督徒教會，位於澳洲維多利亞州凱勒唐斯郊區。在我的記憶中，我們通常是一整個家族一起去教會，包括我的父母、兄弟姊妹、叔叔阿姨、表堂兄弟姊妹等。敬拜主，對我來說，很像是一個社群活動。

在教會敬拜團裡，我父親擔任男高音，我叔叔艾文則是男低音。因為他們是召集建立教會的牧師，所以通常都會跟著其他敬拜團的人一起坐在前排。而我則是他們的非正式打擊樂手，所以也跟著一起坐在前排，用我的小腳在詩歌本上打著節奏來取代鼓。我非常熱愛音樂，敬拜讚美也是我最喜歡的部分。那時候，我把我最喜歡的所有一切都與上帝連結在一起。

我父親常常說上帝與我們是非常貼近而且親密的，所以我也跟著一起這樣感受。我看起來好像時時刻刻都在跟上帝說話。祂對我來說非常真實，就像家裡的一個成員或是好朋友一樣。我總覺得祂知道我所有的一切，而且我也可以跟祂傾訴一切。祂對我來說非常真實，而且一直在我身邊，從未離開過。在我心裡上帝的形象不是一個很遙遠的嚴父，或是一個會懲罰的神，祂更像是一個年長、有智慧的導師和朋友。

我每天晚上都會禱告，但是並不覺得自己是個宗教人士，也沒有想過要成為一個牧師。我的家庭就只是很單純地活出信仰。對我來說，身為一個基督徒，就好像身為塞爾維亞人或澳大利亞人一樣。我完全不覺得這有什麼特別，更不覺得自己比其他人聖潔。

我曾有好幾年時間懷抱著罪惡感，因為當家族好友維克與艾爾西•許拉特（Victor and Elsie Schlatter），藉著幻燈片講述他們在新幾內亞曠野裡的傳道工作時，我有一些不屬靈的想法。當時他們談到為了當地原住民，如何把聖經翻譯成皮欽英語，並且呼召了上百人成為基督徒。對我來說，實在很難想像這世上還有人沒聽過耶穌基督。我以為大家都知道祂。

但是，我必須承認，那次講述給我留下的最深印象是，幻燈片裡的新幾內亞裸體女人。這應該不是他們希望我聽完講述後所記得的內容，但，我只是一個活在小男孩思維裡的小男孩。我很容易分心，尤其在面對週日主日學的伊莎貝爾老師時。她有一頭金色短髮、很大的藍眼睛，與超迷人的微笑。我覺得她超級漂亮。整個被她煞到了！

相信我，我絕對不是聖人。我曾有過好幾次，在教會裡頭嚼口香糖被抓包；還有一次是在週日主日將開始前，偷吃糖果被嗆到。因為我們都坐在最前面，所有信眾都看到我父親將我倒拎起來，不斷拍打我的背，讓我把糖果咳出來。

尋找答案

這絕對不是最後一次我在教會被拯救。在主日的時候，其他小孩會用腳打拍子，或手指在座位上敲打節奏，來紓解緊張情緒。而我在坐不住的時候，是跑到教會最後排座位，用後腦勺在磚牆上磨蹭抓癢。很瘋狂吧！也是拜這個壞習慣所賜，曾經有一段時間，我是全教會中最年輕卻禿頭的人。

我是一個既蠢又容易困惑的人。在我一年級的班上，有次出現了一位從美國南部移民來的同學，當他說他的名字叫耶穌（這是猶太人常見的名字）時，我超級困惑。「為什麼他們叫你耶穌？」我問他。那時候我以為末日來了，耶穌這位彌賽亞終於再次降臨。

我當時非常多疑，因為週日主日學曾說過，在魔鬼出現的時候，他總是會自稱是基督。我正在努力尋找冒牌貨，而可憐的耶穌，完全不知道為什麼我要一直盤問他，關於他的名字。

我很認真看待週日主日學的教導。在我六、七歲的時候，課程上到關於耶穌基督的第二次再來，後來我作夢就夢到這件超喜樂的事。在夢裡，我去探望祖父母，他們家就在教會轉角路口。我突然看見天使降臨把人帶上天，當中也有我家裡一些親戚。於是我等待著，但卻沒有天使來接我。我絕望又難過地想：「我的天使在哪裡？」然後就醒了，真是解脫啊！

我不想被遺落，於是更努力要成為虔誠的基督徒小孩。每一次週日主日學時牧師都會問，有沒有讓耶穌住進我們的心裡，我總是大聲地回應有，以防有天使正在聆聽。我們被教導，身為一個基督徒，每一天都要邀請上帝進入我們的生活裡。我不怕讓人知道我去教會，但是卻沒有人告訴我，在遇到不是基督徒的朋友時，該怎麼跟人家分享耶穌。我們好像應該把祂放在心裡，然後去愛每個人。可是我不記得自己曾大方地帶過朋友，做任何接受耶穌進入生命裡的禱告。我都只是私底下偷偷為人禱告，以致他們從來不知道，到底是什麼觸碰了他們的心。

會被我們特別談到的傳道人，都是些有英勇事蹟的傳教士，就像我前面說到的家族友人，許拉特夫婦。在我後來的人生中，維克與艾爾西成為我的生命導師。他們是我認識的人當中，第一個真正的基督全球佈道戰士。維克長得很像聖經裡的人物，高大的身形，灰色的長髮，比我的頭還大的一把灰鬍子。他們讓佈道工作變成一件很令人興奮的事。他們分享了許多熱帶雨林裡很酷的故事，還有如何被討厭基督徒的人追趕的經驗。

我非常崇敬他們。他們好有異國風格，就像印第安納瓊斯遇到葛培理牧師一樣。（編按：在佈道傳福音方面，葛培理牧師是美國具有極大影響力的牧師之一。）我父母在年輕的時候，曾經也想與維克和艾爾西一起成為傳教士，在新幾內亞傳教。他們度蜜月時還曾經探望過許拉特夫婦，順道了解一下新幾內亞。但我父親後來還是覺得這個想法太過瘋狂。我常常在想，如果當初他們決定待在新幾內亞，我的人生會變成什麼樣子。不過我很感激，後來我們全家仍然待在墨爾本。

一個更大的視野

所以，我們做基督的使者，就好像神藉我們勸你們一般，我們替基督求你們與神和好。——哥林多後書 5:20

老實說，因為許拉特夫婦真的很特別，他們在極度艱難的環境下都能活出生命的榮光。

我從來沒有想過自己也能成為一個傳教士，但是他們終究還是啟發了我——去做一切我能做的，來幫助這個世界上有所缺乏的人。

他們將幻燈片投影在教會的牆上，裡面可以看見許多裸體的孩子，在吃一些看似樹根或昆蟲的食物。我們為他們禱告，也掏出了自己存錢筒裡所有的積蓄來幫助他們，讓他們有食物吃與衣服穿。我真的很欽佩維克與艾爾西，他們奉獻了自己的人生，來成為服事主的大使。

在青少年階段的早期，我還聽過另一個非常戲劇化的故事。有一位傳教士所搭乘的飛機在巴布亞新幾內亞偏遠地區墜毀，他被囚禁在當地，但是後來成功逃脫。在某個訪問中他說，原本他根本不可能逃出來，是上帝讓所有抓他的人頓時耳聾，他才得以駕駛飛機順利逃走。這部紀錄片叫 Ee-Taow。

除此之外，在青少年時期我還讀過另一本書，《逃》（*Run Baby Run*）。這本書的作者是位勇敢的基督徒楷模，他是前紐約市幫派老大尼基・古茲（Nicky Cruze）。書裡講了一個很經典的故事，內容是有個困惑的街頭小伙子，如何因著耶穌基督，經歷了生命的翻轉，最後變成一位青少年的傳教士。

他的人生故事後來被拍成電影《虎穴亡魂》（The Cross and the Switchblade），到一九七〇年，已經有超過五千萬人看過；發行範圍橫跨一百五十個國家。尼基・古茲遭遇了許多苦難，但神總是在他生命垂危時介入動工。比如，有一次有人拿槍指著他的頭，在扣下扳機的時候槍卻走火，救了他一命。

因為有像這樣的書籍，以及許拉特夫婦所說的故事，給了我走出家庭安全範圍的勇氣，後來在十九歲時前往南非，踏上我的第一次基督徒演講的旅程。他們教導我，沒有一個地方比神帶領你去的地方更安全。

在年輕時，我們大多無法看見或理解神在我們身上的計畫。等到自己已經三十好幾，飛過幾百萬英里，對數百萬人演講之後，再回頭時，才能看見一路以來，引領我走上祂的道路的那所有影響與經歷。

尤其是有一次山姆叔叔摸著我的頭對我說：「小力，有一天你一定會跟總統們握手的。」回想起當時自己困惑的樣子，忍不住就要大笑。

當時的我自然沒有辦法想像，這件事會發生。上帝肯定在叔叔耳邊不斷細語，因為這幾年來我已經拜會超過十二個國家的總統與領袖。雖然到現在我還沒有握過他們任何人的手（這理由應該很明顯），但大部分我都有抱到過喔！

那些鼓勵者與引導者們

之前我寫過，在青少年時期影響我的人，其中一位是我高中時學校的工友，阿諾先生。雖然阿諾其實只是名字，並不是姓，但不知道為什麼，大家都叫他阿諾先生。我完全不知道他的姓氏，但他總是非常照顧我與其他同學。他鼓勵我敞開自己，分享我的殘缺與信仰的掙扎。起初是在他所帶領的青少年基督徒小組裡，然後是在其他學生群與社區附近的群組裡。

當時我完全不覺得自己是一個傳道人。我比較感興趣的是，如何破除人與人之間的隔閡，單純分享上帝的介入如何幫助絕望的我看到希望。漸漸地，我看見我的故事啟發了別人，尤其當我說到，我終於明白自己其實並不是上帝所犯的一個罕見錯誤，在祂眼中我們都是最美好、最完美的作品的時候。

我第一次聽到專業勵志演說，是雷吉・戴比斯（Reggie Dabs）在我的高中演講。僅只藉由自己的人生故事，他讓將近一千四百多位躁動的學生安靜下來，並且得到鼓舞。他帶來的是一個希望的信息：「你無法改變你的過去，但你可以改變你的未來。」

雷吉讓我明白，這世上還有公眾演說這種職業，有這樣一條道路。因為我曾因沒有四肢而覺得自己跟別人不一樣，所以在演講中我總是特別對每個人強調，他們很美，而且是被上帝愛著的。我覺得這是人們需要聽到的。我們在上帝眼中，都是最完美的創作。

雖然已看見自己逐漸成長，朝著專業講者這個行業發展，但我的重點大部分仍是放在鼓舞人心和心理勵志的範疇。我知道很多人並不想聽到與信仰有關的信息，但是當他們聽見我故事裡的愛、盼望與信心時，卻很自然都會問到信仰。即便在那個時候，我也還不認為對於其他基督徒或是想成為基督徒的人來說，自己是一個榜樣。

我父親也這麼想，所以他不斷鼓勵我拿到會計與商學的學位。我接受他的建議，覺得多一個備案也沒有什麼壞處，如果演講這條路走不通的話。

找到一條路

再一次，上帝悄悄介入我的人生，輕輕在我背後推了一下，推向祂為我預備的道路。在我有閒暇的時候，之前就讀的高中會邀請我去擔任宗教教育志工老師。他們會邀請一些近期畢業的校友，在每週四堂教學課程中，談論神與聖經。

隨後我開始在高中母校，對青少年群眾分享我的信仰，並且也以他們的信仰來鼓勵他們。當時我並不覺得，這個志工服務是在為基督呼召信祂的人。但現在回想起來，這段過程是一個非常好的歷練。因為這個話題有一點敏感，我從來沒有寫過這段故事。大約就在那個時候，我的教會對於我常常受邀到其他當地教會分享這件事，有一些反彈。

我的家庭教會在當時比較保守。他們不太喜歡自己教會的會眾去其他教會探訪，可能因為害怕失去他們的緣故吧。就連我的父母和其他親戚也跟我說，我不應該去其他教會分享。

我能理解他們的觀點，但我覺得所有的基督徒都應該擁抱彼此，放下教義的差異，專注在我們共同愛神的心。我的使命是分享我的見證，來鼓勵所有人相信上帝。我有一位朋友，傑米・彼斯安（Jamie Pentsa），鼓勵我接受所有地區的邀請，他甚至還自願用他的富豪汽車載我前往每個地方。

一開始我大多是對青年族群分享，透過曾衝擊、影響我的經文來授課。那些演講內容後來非常受歡迎，我甚至做成月刊，以電子郵件的方式分享給許多人；同時還架設個人網站，讓更多人可以存取我的文章內容；或是讓想邀請我去其他地方演講的人，更容易與我聯絡。

很快地，我收到超過七十個地區性邀約，邀請我去他們的聖經社團、青年團契與教會中演講。這類回應給了我一個靈感，就是請錄影團隊將我在各教會分享的見證拍攝下來，然後透過我的網站，將最初版的DVD《沒有四肢的人生》（Life Without Limbs），郵寄給所有來索取的人。

這些影片有的流傳到了南非，被一個叫約翰・平格（John Pingo）的人看到了。他連絡上我，想要為我在南非籌辦一次巡迴演講。這趟旅程（雖然當時我父母對此持保留態度），開啟了我邁向國際的拓展之路，一直到今天帶領我走過超過六十個國家。當機會來臨的時候，上帝同時也感動了我身邊其他朋友、表堂兄弟姊妹、叔叔伯伯，甚至我的弟弟，他們帶領我去到這些地方，一路上照顧我，幫助我鼓勵更多人，甚至親眼看見一些人被上帝拯救。

一個上帝賜予的蛻變

成為基督徒的榜樣與啟發人心的演講者，這份職業是一個出乎預料的祝福。回頭看，更能確信這是上帝對我的計畫之一。每一次的投入都讓我越來越有熱忱。小時候曾經時不時會覺得未來很沒盼望，到後來看見人們對我的分享或影片的熱情回應，讓我非常興奮與喜悅。

對於一個曾經完全沒有盼望的人來說，沒什麼回饋能比得上成為一位給予他人盼望的人。事實上，身為一個年輕人，能夠與這麼多不分年齡層的廣大群眾分享耶穌在我身上的救恩，給了我一個使命感。我覺得我可以有所貢獻，而這點對我來說非常重要。並且，我覺得我與上帝更親近了，因為許多人來到了台前，回應上帝的呼召，把自己的生命交給了耶穌基督。

我同時也見證了福音的大能。對我來說，百分之八十的啟發來自於說故事。聖經裡有太多的鼓勵是來自於故事與見證；來自於這些能激勵信仰，與關於上帝是信實的故事。當你在閱讀神的話語時，它會產生信仰的力量。

我很少做這個分享。大概就在十二歲左右，我剛剛脫離憂鬱症的黑暗期。當時我有一個強烈的渴慕，想要盡全力去認識上帝，所以我開始在電腦上用我的小腳敲打著鍵盤，把整本聖經打出來。起初，我是從《創世紀第一章》開始。在我大概打到一半的時候，我媽媽進來我的房間，聽見我在敲打鍵盤，然後問我在做什麼。

「我在把聖經打出來。」我說。

「小力，」我媽說，「它已經被寫出來了呀！」

她說到了一個重點。當時我一分鐘大概只能打十八個字，最後發覺，我做了一個超出能力範圍的任務。後來我的衝動雖然停止了，但對於上帝話語的愛慕卻從來沒有減少。每一次讀聖經，我都看見新的亮光、更深的層次與更多的意含。每一次的讀經，都增加了我對上帝的敬重，與對耶穌個人親密的愛。

分享信仰

身為基督徒，很大一部分是要利用能與他人連結的方式，來分享上帝對你的意義。信仰就是如此才變得又真又活。以我一個年輕人的看法，當我開始對越來越多人分享我的見證時，我發現新教徒普遍認為，想要讓更多人進到教會，他們只需要告訴陌生人他們愛他，並且待人寬厚。

我們都認為應當要讓人們了解，基督的信徒是如此良善和慈愛；然後經由這個信念的實際例證，在人們心裡埋下信仰的種子，然後就能吸引大家加入基督教，並且願意有更多認識。但這裡面有一個問題就是，這世界上還有許多其他良善親切的人，這當中也包含了印度教徒與回教徒。

耶穌的追隨者不僅僅需要良善與慈愛，更需要分享有力量的信息。當我告訴我的父親我在寫這本書的時候，他說：「人們覺得傳福音是一件很複雜的事，但其實一點都不複雜。我們應該隨時都預備好要來分享自己的信仰，而這說到底，也就是與人面對面坐下來，真實地敞開自己；告訴他們，耶穌對你的意義是什麼；告訴他們，你的生命是如何在遇見耶穌後改變的。透過一個人如何生活，很自然就會發現他是不是耶穌的信徒。」

聖經說：「憑著他們的果子，就可以認出他們來。」（馬太福音 7:16）想要鼓舞他人成為一個良善的基督徒，就需要走出去，並且激發他們思考上帝在他們生命中的重要性。但是，你必須從禱告裡尋求溝通的智慧。因為每個人都有不同的個性與經歷，你需要調整自己接觸每個人的方式。彼得前書 3:15 裡說道：「只要心裡尊主基督為聖。有人問你們心中盼望的緣由，就要常作準備，以溫柔、敬畏的心回答各人。」（NIV：New International Version 和合本新國際版聖經。）

「散步式」的基督信仰

在我自然而然成為服事上帝的手與腳的過程裡，也包括了早期「散步式」的基督信仰經驗——與一隻狗一起。從我十七歲開始，我會坐著輪椅帶著狗出去散步，而且幾乎跟每個遇到的路人交談聊天。

我不知道是因為我的狗——塞斯（傑克羅素梗與騎士查理王小獵犬混種）太可愛，還是我本人的緣故，每次總會有許多走在我們旁邊的人，主動跟我們說話或聊天。

如果我們素未謀面的話，通常都會聊狗的事，或者是聊到關於我如何失去四肢的事。當我分享自己的故事時，他們會深受吸引或是感動。我們的對話有時候會漸漸轉到信仰上頭去。有時候他們會好奇我怎麼能有如此正面的態度，而我會告訴他們，我相信上帝創造我有獨一無二的計畫，對此堅信不疑。

對於可能有興趣的人，我會主動為他們禱告。不知道是因為被我的信仰感動，抑或是其他原因，每當我分享上帝在我生命中的重要性，與感恩祂所賜的祝福時，還蠻常見到人們為此流淚。

出門散步，分享我的狗——塞斯和我的信仰，逐漸變成我真正熱愛的事情。我會帶著塞斯一起出門，迫不及待地想在街角遇見什麼人。如此這般過了一陣子後，走到哪裡我都會主動分享我的故事和信仰了。我不記得自己有被任何人拒絕過，雖然有些人看到我走過來的時候，可能會刻意繞過我。

我試著不要太激烈或太勉強。我通常會關心他們近況如何，在聊了幾分鐘後，我可能會說：「有什麼事需要我為你禱告嗎？」大部分的人都會珍惜這個禱告邀請。現今有誰不需要被禱告祝福的？無論是為自己還是為他們所在乎的人。這就如同收到了一個陌生人給的驚喜，而且比中了樂透還開心，因為禱告這個獎賞是永恆的！

回應呼召

我的第一場演講活動是在昆士蘭州春木市的羅根聯合教會（Logan Uniting Church）。他們的青年牧師，吉姆•海克（Jim Haak），是一個當地高中的特遣牧師。（編按：這是指被特派到某些機構或組織，擔任服事與牧養職務的牧師。）他在活動中聽見了我的演講，於是邀請我參加他們的十年級（編按：在國外這一般是指高中一年級）特會。當時有三百個十年級生一起參與。原本他只是單純邀請我來參與，並未讓我當講員，所以我帶了些朋友與堂表親戚一起來。

在澳洲，十年級是許多青少年決定要繼續上學或找工作的關鍵年。這場特會是特別設計來幫助他們發展一些生活技能，不管是在大學或職場都會很有用。在當中信仰佔了很大一部分，同時也有戶外活動、論壇、工作坊，與一些啟發和鼓舞動力的活動。（編按：在下面這篇吉姆・海克所寫的文章裡，詳細描述了當時特會上的情形。）

〈力克成為傳道人和加入飛車黨的那一天〉

吉姆・海克

那天早上我聽到某處傳來許多喧囂與騷動。圍繞的群眾裡，有許多男孩是來自比較坎坷的成長背景。當時我以為是有人在打架。但是當我走過去撥開群眾時，發現他們都圍繞在力克旁邊！

他們被這個沒有手沒有腳的年輕小伙子給迷住了，因為他正在跟其他孩子們玩他自己特有的手球。他用頭頂著這顆球，然後再用他的小腳把球踢到天空中。他的技術非常純熟，每個人都想看他怎麼玩。

當然，他同時說話也超級大聲，而且操著一口澳洲腔調。他對他的信仰非常地堅定，但卻不虛偽或過於宗教化。當時的他已經知道如何吸引群眾了。

結果力克變成那一天的吸睛亮點。他走到哪裡，孩子們都圍繞在他身邊。所有的輔導老師都很驚嘆，因為所有的男生女生都完全被他給吸引了，他們把自己的恐懼與困惑都告訴他，接受力克禱告的時候都低下頭來。他如此地敞開與柔弱，讓他們覺得向他傾訴很有安全感。他們一看到力克，就知道他一定也超越了許多痛苦與霸凌。他們信任他，而且當力克跟他們說「我愛你」的時候，他們也完全相信。

那一天的最後一個活動，是在主舞台的主題演講與論壇。大家都經歷了很漫長炎熱的一天。這時候上帝小組的一位組員原本應該要分享一段演講，但是他的 Power Point 簡報一直沒辦法正常運作，學校的學生們都開始浮躁起來。他看著我然後說：「我這邊有點小小的狀況，你可以先娛樂觀眾一下嗎？」

當時我正跟一群有經驗的青年工作人員一起坐在台上，於是我轉身向他們說：「這裡有沒有人會說笑話？」

然後力克上前來說：「我來跟他們說說話。」

「你要跟他們說什麼，力克？」我問。

「不用擔心，我就只單純跟他們說說話。」他說。

我當時想著，上帝小組應該馬上可以恢復運作，那麼還是讓力克先跟大家說說話吧。一開始我們必須想辦法把麥克風別在他身上，因為他沒有辦法拿著。我們前後弄了好久，最後力克說：「沒關係，我可以的。」

學生們在那個時候更浮躁了，但最後的演講者仍然需要我們幫忙撐一些時間。當我們把可憐的力克放在所有的群眾面前時，一開始其實有點擔憂，但後來發現根本不必瞎操心。

在幾句話之後，所有觀眾都安靜了下來。力克只是單純聊到因為沒有四肢，他所面對的與眾人完全不同的挑戰而已，就已經把所有人都迷住了。他說到他的信仰是力量的源頭，並且告訴他們上帝的愛可以容納每一個人，但他並沒有強加他的信仰在大家身上。

從許多角度來看，這是一個標準的勵志演講。但力克說故事的時候超級熱情、幽默與充滿力量，使他的信息聽起來非常新鮮與吸引人。當他鼓勵大家，要相信自己可以完成任何想要做的事情時，力克同時也帶出信息裡一個更深的意義——在掙扎中的青少年們知道力克懂他們；被邊緣化的孩子們知道他也遭遇過被排擠與霸凌。而那些很強硬的孩子們仰慕他的勇氣與直率。每一個人都想成為力克的朋友，而他鼓勵他們對待彼此都要尊重。

我們發現力克不只是單純地娛樂大家而已，他也處理了很艱難的課題；那是非常實際的事情，不只是信仰，而是關於人生中許多的挑戰。他談到，雖然他發現殘缺是一種負擔，但它同時也可以是份禮物。而這也是福音的信息裡提到的：「虛心的人有福了！因為天國是他們的。」（馬太福音 5:3）力克很謙卑，但他心裡有神的國，而且他很開心地與大家分享。上帝使用平凡與單純、破碎與受傷的人。祂使用他們來改變、塑造與救贖。

老實說，那天我們都感到肅然起敬。就連上帝小組的那位自行車手（也是原本的主要講員）也投降了。雖然他的 Power Point 簡報已經修復，但他不想要在力克後面上台。

「不用擔心，他做得很好。」當力克正在作結尾的時候，他輕聲對我說。

雖然力克上台幫了一個很大的忙，但當他在演講結束前，進一步邀請任何需要愛的人都可以上台給他一個擁抱的時候，我還是忍不住懷疑。

其他的論壇領袖和我都暗自等著看好戲，這些青少年絕對不會想現場被抓包在台上擁抱人。在美國或許對擁抱比較開放，但是澳洲文化比美國含蓄與矜持許多。澳洲人不太表現出他們內心柔軟的那一面——至少我們這麼認為啦。

我們懷疑力克觸動觀眾的能力，而他也立刻打了我們的臉。孩子們一波波地離開自己的位子，默默在力克面前排成一條隊伍。這簡直是一個奇蹟！很多人在擁抱力克的時候，眼睛裡充滿淚水。所有老練的青年工作組員，看到這一切，下巴都掉了下來。我們從來沒有見過任何像這樣的事！

在最後一個擁抱者離開後，我下樓去找力克說話。他真的很有恩賜，我想明年的論壇我應該把他先預約下來。正當我往樓下走的時候，力克正坐著他的輪椅前往停車場，同時被他新的粉絲們包圍。

我去到外面將要追上他時，上帝小組其中一名組員，騎著哈雷機車奔馳而來，把力克舉起來放到機車後面。就在他們揚長而去的同時，力克坐在車上大聲叫著「哇嗚～～！」

這就是我們對於即將要成名的力克・胡哲的開場介紹！

那真是一場瘋狂又好玩的活動，裡面甚至還有基督徒摩托車黨的攤位，他們叫作「上帝小組」。那是一群看起來有點可怕的身著皮衣的基督戰士，而且還騎著很吵的摩托車，但他們覺得自己展現了反傳統的虔誠。

當這麼多的澳洲青少年聚集在一起時，場面通常會變得非常吵雜，所以當海克牧師一看到人群聚集，同時又聽到大家在喊叫的時候，立刻以為是有人在打架。事實上，當時我真的變成一個大家都好奇的新鮮東西了。但吉姆前面所說的故事，可比我說得好聽多了。

找到觀眾

我必須得說，十年級特會的那一天，對我來說也有非常大的衝擊。所有天時地利人和都在一起發生，那些青少年、騎重機的人，還有輔導員，都很樂於接受與歡迎我，這真的超乎我所求所想。而整場演講的高潮，是有個哭泣的女孩為了引起我的注意而舉起手來。

她問我能不能上來給我一個擁抱。我說：「當然可以呀，我非常樂意。」她走到我面前，給了我一個雙手環繞的擁抱，並且輕聲在我耳邊說：「從來沒有任何人告訴我他們愛我。從來沒有任何人告訴我，原本的我就是最美麗的。」

哇！就是在這個時候，我突然明白，原來我生下來是為了要成為一個，帶來盼望信息的演講者。而在那一年稍後，吉姆又邀請我去對他教會的青年小組演講。當我分享耶穌如何改變我生命的真實經歷時，許多人都哭了。當下，我邀請那些群眾跟我一起，安靜地對耶穌做了一次禱告。

在演講之後，我跟許多人聊天與擁抱。有一位女孩上前來跟我說：「我今晚剛剛把自己的生命交給耶穌，我知道我會永遠不再一樣了。」而我的世界在那個時候停止了——人生彷彿從黑白變成彩色。

這是第一次，有人直接跟我分享，我幫助了他們接受耶穌成為他們生命的救主，讓我非常震驚。能夠在別人身上有這樣的影響力，對我來說非常令人陶醉。這就像是聞到蘋果花的花香一樣，讓我渴望得到更多更多。我知道這其實不是因為我，或是我說的話，而是上帝透過我在做祂的工作。

那一天所得到的另一個祝福，就是吉姆•海克變成我的心靈導師。在那個時候，對於成為專業講者，靠這個謀生，我還是有些疑慮，更別說是成為基督徒的榜樣。我告訴他，我的目標就是成為一個很成功的商人，並且賺很多錢來養活自己。因為我不想下半輩子成為家人的負擔。

吉姆輕輕地跟我說，他覺得我可以變成一個更好的職業講者。他對我非常好。我想他應該是第一個這麼告訴我的人：我人生的障礙可以成為踏腳石，而不是阻撓。

吉姆與那一次活動的其他青年輔導員，開始邀請我去他們地區的每一場活動演講。他們是輔導我說話技巧與幫助我提升信息的其中一群人。

在那個時候，我對於自己人生的呼召還是有一些模糊，但我很快就再次聚焦。也是在這段時間的某次活動（大概也是吉姆•海克籌備的），在一群青年小組裡，我第一次被介紹為「傳道人力克•胡哲」。我並未要求這樣開場，所以一開始我超級意外。

「傳道人？我？」

當下我感受到一股活水從內心裡湧流上來。我想要讓全世界都知道，耶穌祂想住進我們每一個人的心裡。

然後，我下一個念頭很單純，「為什麼不試一試呢？」

上帝開啟了這扇門，當祂這個沒有手沒有腳的孩子踏出去後，就此走上了這條路。

2 解答問題 Answering Questions

在我的雙重演講職涯裡，我兩邊同時都在經營：很多人在教會聽過我分享關於屬靈的事情，在我的使命裡，呼召越多人到上帝面前越好；但這世界上還有更多的其他人，無論是在學校的一般聽眾，或是在國家教育體系、企業、商業領袖特會與政府機關裡的人，是透過勵志演講認識我的。

「沒有四肢的人生」（Life Without Limbs）基金會的使命就是，透過福音來接觸全世界，而且鼓勵所有人走上成為耶穌門徒的路。聯合國在二〇一七年的報告中指出，預計到二〇三〇年，地球人口將會達到八十億。所以我買下了網路網域，取名為「八十億個靈魂」（8 billion souls），以備將來有一天我們的服事能使用[1]。在二〇〇二年時，我就想出了一個很

1 參見聯合國經濟和社會事務部／人口司，〈世界人口預測：主要發現和發展表〉（紐約，二〇一七年校訂版），http://esa.un.org/unpd/wpp/Publications/Files/WPP2017_KeyFindings.pdf。

清楚的策略，並且寫在日記裡。我沒辦法只透過信仰相關的平台去觸摸到每個人，我需要進入市場、政府平台與教育系統裡面。雖然在那裡我可能沒辦法直接傳道，但還是可以把愛與盼望的種子播種下去。

我的基督信仰透過我個人的經歷，在一般的演講裡表達得很清楚。因為若要完整講述我的故事，無法不提到我靈裡的旅程。大多時候，付錢請我演講的客戶都會要求我把信仰相關的內容減到最少，或是完全不要提到。有時候舉辦特會的執行團隊，活動前還會再三確認我的演講內容不要提到信仰。但同時團隊裡也有一些人會偷偷跟我說，要我分享多一點。

每次演講，上帝都很慷慨地給我智慧與洞察力。我試著尊重他們，然後上帝就會帶領我上台，在話題觸碰到信仰的時候，幫助我知道該說多少。大家都知道，當贊助我的政府是反對宗教信仰的時候，我常常會挑戰他們的極限。我會很謹慎地抓住每次機會表達一些些，這樣子有一天我就能再回來表達更多。而這也讓我能在每個國家裡，擁有更多長期的影響力。

我會想在與自己信仰不相關的平台演講，是因為我想觸及到世界上更多的人。你無法在教會當中拯救失喪的人，因為他們在外面的世界裡。當有人問我，為什麼我會接受邀請，去到禁止基督徒的國家裡演講時，我說我必須去到那些需要聽見上帝的人群中。這是我最終的策略。

我把每一次的出席當作是分享信仰的一個機會，無論是低調還是高調的。人們時常會接近我，並且詢問關於信仰的問題。無論是在飛機上、機場、商店、餐廳或是在街上，我會收到許多為陌生人禱告的請求。

很多人攔住我，想跟我分享他們的疑慮、擔憂，或是內心深處的問題。我曾經聽過有人跟我說，他們在經歷過一些很可怕的遭遇之後，放棄相信耶穌。他們很想知道，我是如何擁有這麼多上帝的愛，即使我被祂帶到這世界上的時候，就失去大家都有的標準四肢配備。

有些人用了比其他人更有智慧的一些言詞，來問我問題：「力克，為什麼你不會對上帝生氣呀？我的意思是，終究是祂搞砸了你的身體耶！」

在許多年後，我已能回應大部分這類的問題，還有其他信仰的問題。但我完全可以理解，為什麼許多基督徒面對這些突如其來的狀況時，會覺得要分享信仰是一件很有挑戰的事。

在二〇一六年某次中國之旅，有一位男子在慈善拍賣晚會上，過來問了我一些問題。他的時間點抓得不太好，因為當時拍賣正在進行，任何一個說話的人都可能被誤會成競標者。

在自我介紹之後，他詢問了我一些關於如何當一個好父母的建議。我不想在那時候開啟一段對話，因為害怕拍賣人會以為我在競價，想要購買其中某個高價拍賣品。我唯一能想到對他說的話就是，「愛神，加上大量的禱告。」我壓低聲音說。

他笑了一下，然後說：「我太太是基督徒，她有在禱告。我不是基督徒，我不相信上帝。但我們談論過是否該讓我們的孩子去教會。」

他很真誠地在尋找答案。雖然當下不是最適合談深度話題的時候，但我還是不想忽略他。我相信所有的基督徒都有分享信仰的責任，尤其是當一個不信主的人很禮貌地問問題的時候。所以他與我去到一個安靜的地方，我簡略分享了我的信仰旅程，然後他提出了一些未信主的人會問的典型問題，而我給了他一些回應。

我們的對談很坦率和真誠。我們試著多去了解對方的角度，而不是上演一場辯論賽，雖然我比他多了一些優勢。我經歷過很多很多類似這樣的對談，而且，我也很喜歡提醒我自己，上帝祂在我這邊耶！祂完全知道需要說什麼話、如何說，並且當我因著信心踏出去的時候，祂會透過我動工。

當我們的對話告一段落時，他熱淚盈眶地謝謝我，並跟我說他的人生將再也不一樣了。我問他可否為他禱告，他答應了。我不知道後來他是否成為了基督徒，或是把他的生命交給了上帝，但我覺得，上帝使用我來引導他走到這條路上。如果是這樣的話，我很感恩有這樣的機會能分享我的信仰，也感恩所有我曾經有過，與未來將會有的其他機會。

為了這些機會，你必須預備好你自己，並且要有一定程度的屬靈見識。有些時候，未信主的人對於辯論非常地有經驗，而且他們可能會很堅決地想說服一個信主的人，耶穌不是真的。他們可能會想測試你，是否真的對自己的信仰堅信不移，對於聖經到底有多麼認識。但同時你可不要誤以為，因為自己對信仰缺乏全方位認識，上帝就無法使用你。

這裡面所牽涉到的並不是如何讓美國成為一個基督化的國家，而是關於如何完成天父的心意，讓所有人都認識祂。在我們的生命剛找到耶穌的時候，我們會非常腦熱地想告訴所有人。但是當我們覺得自己需要變得完美，以及完全認識經文才能分享的時候，這個熱度有時候就會減弱一些。有些人可能會覺得，他們需要去上聖經學校或是神學院，不然自己是沒有預備好的。我曾經遇過有人告訴我，一開始當他們被問到一些信仰問題的時候，會有種很赤裸和完全被暴露的感覺。

基督徒一刻也不可以懈怠，要隨時準備好分享他們的信仰，可是許多人不知道該從何開始。幸好，我還有幾隻腳趾頭，（編按：前句「一刻也不可以懈怠」，原文為 on their toes，因此幽默的力克在這裡就秀了一下他的腳趾頭。）所以這不是問題啦！表現我們信仰最棒的方式就是每一天活出力量、平安、慈愛與喜樂——即便在人生的試煉中。（編按：「試煉」原文為 trial。在聖經裡，這個字是指基督徒在面對挑戰與苦難時，能夠持續跟隨主，並在靈命上成長的一個過程。）

但當上帝促使我們分享信仰的時候，我們該做什麼呢？

我很愛我的表親但以理（Daniel），不只因為他是我的表親，更多是因為他讓我成為一個更好的基督徒。他有時候會表現得很堅決，在說到幫助窮人的事情時會顯得慷慨激昂。可是但以理對於耶穌是主，是至高的神這件事，並不是很相信。

即使我們的親人家族都是在教會長大的，仍有些親戚並不相信聖經的教導。有時候就算將「教會」強行灌輸給孩子們，他們對教導的內容仍會有疑問，尤其是在看見教會領袖們因為意見相左而造成會友分心，讓基督信仰的核心失焦的時候。

但以理與我有過許多信仰上的對談。他是我認識的人裡面，最為博學聰明又真實的人之一。他總是會告訴你他的想法。有些人辯論，是因為他們喜歡辯論，但我不覺得這是但以理辯論的原因。他很邏輯性地思考與詢問，上帝為什麼不在我們覺得祂應該出手幫助的時候出現，例如減少飢荒與苦難。

但以理總是會提出一些很好的論點。我們很享受彼此的對話，即使對談變得激烈，我們也總是以擁抱與歐式碰觸臉頰的親族之吻來作結尾。實際上，他的兄弟後來告訴我，上帝沒有給我四肢的這個事實，正是造成家裡有些人對信仰感到不解與疑惑的其中一個原因。

我的表親無法接受，一個慈愛的上帝怎麼會讓我這個虔誠跟隨祂的人沒有手與腳。我試著解釋過，聖經裡面清楚地提到，當撒旦誘惑人犯罪後，痛苦、疾病、殘缺、苦難與死亡，就進入了我們的生命。我們的破碎、受傷的心與羞愧，是可以被上帝這位救贖的主，翻轉成美好的。上帝時常用當下看似很不好的事情，來使他人看見，透過祂我們可以有真的盼望、喜樂、愛與平安，即使在暴風雨之中亦然。

但以理並未接受我很久以前就已接受的事。我永遠無法忘記那一次教會主日，我跑到後排哭泣，因為有關對上帝的疑問與信心的問題，永遠無法在地方性教會裡被提出探討。

有些人不是在教會裡找到上帝的。我為但以理的靈魂而憂傷哭泣。我在想：「到底誰會帶領上帝的軍隊，觸摸到教會牆外的那些人？」我為他的生命能被憐憫而哭泣。我的那些如同手足的表親，還沒開啟他們與耶穌的旅程，但也還沒有停止尋找真理。至少他們很坦誠而且真實，在尋找真理這件事上頭，能夠承認自己還沒找到的。

我永遠會是但以理生命的一部分，而他也永遠會是我生命裡的一部分。我與其他所有表親即使可能相隔很遠，也會是如此。我們是一家人。我很愛而且尊重但以理，就算他在研究其他的宗教與哲學。他是一個很博學的人。我不覺得我讓他失望了，因為我還沒有放棄他。

我的使命並不是要改變但以理或是任何人的信仰，而是去愛他與所有的人，同時鼓勵他們開始與耶穌一起同行。重點不是我有沒有讓但以理失望，而是當在天上的父要我開口的時候，我有沒有因為不說而讓祂失望。上帝的愛永不改變。我唯一想要做的，就是服事祂，還有看見其他人得著釋放，找到他們真正的命定、道路與自由。

但以理不相信超自然、神蹟或任何科學無法解釋的事。他辯稱，有許多基督徒在電視上與教會裡，用假的盼望與不好的訊息來誤導聽眾與追隨者。我得承認這是真的。當然，並不是所有電視裡的佈道家都是不好的，但總還是會有那麼一些。

我有一位朋友，因為不明的疼痛去了洛杉磯的一間醫院。他住在亞利桑那州的媽媽打電話問我，是否可以在她抵達以前前去陪他。我在一個擠滿槍傷患者的急診室裡找到他。當時保全人員封鎖了整間醫院，因為他們怕槍擊犯會不斷跟蹤受難者，不到他們被槍殺不肯罷休。雖然聽起來像是一場噩夢，但當下真的超級恐怖與真實的。

當這一切恐怖的事情發生時，我們正在急診室等待區裡，一邊煩惱一邊試著儘量低調，而電視上卻有一位佈道家，正在高調宣稱他手中的九十九元白色布條，有「醫治的大能膏抹」。我當下一整個想把牆上的電視拆下來。當然，任何領域裡都存在著一些不實的「藝術家」與「掠奪者」，可是這種不實卻玷污了所有的基督徒，而且讓未信主的人有了拒絕神的確鑿證據。雖然神的兒子曾經警告過，會有外面披著羊皮、裡面卻是殘暴的狼（馬太福音7:15），以及一切金融家都被趕出殿外（馬太福音21:12）這樣的事情。

無神論者時常會以一些歪曲的神職人員為例，藉此貶低基督徒與他們的信仰，並發表一長串抱怨。譬如對那些宣揚謬論的電視佈道家，以及一般那種在教會裡說一套，在日常生活中做的卻是另一套的基督徒們。他們還提到的一個論點是，很多基督教派有許多異教般的教義。許多教派甚至排擠與否認彼此的真實度，聲稱只有自己的教會才是進天堂的唯一道路。

合乎邏輯的不相信

不信主的人，會在他們的攻擊裡動用許多武器，來攻擊有組織的宗教。這些人往往會是這星球上最有邏輯的居民之一。對他們來說，相信一位看不見的上帝，看起來似乎是件很愚蠢的事情。但以理與我最近才作過一次長談，內容是有關一群聲稱自己是醫治者的基督徒。因此，你可以預料到，即便我告訴他是我親眼所見，對我來說是神蹟的一些醫療事件，他也非常懷疑。我不會浪費時間去辯論關於服事的事，但我親眼見證過上帝是會醫治的神。

唯一令但以理印象深刻的醫療作為，是我的就醫事件。醫生們已跟我說了好幾年，我患有退化性脊椎問題，最終還會臥病在床。在二〇〇二年時，有一張X光片顯示我的脊椎上面有三個洞。之後我立刻開始為這件事禱告，同時在那幾年裡我也請其他人為我禱告。

如果你不想要相信神蹟，這是你的選擇。但是我可以告訴你，當我在二〇一二年照第二次X光片時，我的脊椎裡只剩下兩個洞；兩年後，只剩下一個洞；到了二〇一五年，X光片上已經看不見任何洞了。經過許多禱告之後，如今雖然我還有些脊椎側彎，但是已沒有任何這個疾病的徵兆了。我認為這是一個神蹟，即便有些人可能會說，我脊椎的改善是來自於宇宙力量的結果，或是因我的正能量或冥想而產生的化學效應。

我對神有信心，始終相信表親（但以理）會回心轉意，而且有時候我還會感覺到，應該要與那些親近的親朋好友們，有更多的連結與聯繫。他們都是我想要在天堂裡看見的人，是我的首要名單裡的人選。透過禱告、信心與友誼，對於他們終會承認耶穌是主，並且走在神的力量裡面，我始終懷抱期望。

我們家族中還有另一位強硬的無神論者，我的叔叔史蒂芬。他的人生絕大部分時間都拒絕承認上帝的存在，但是後來卻受洗了。他身邊每一個人都為他的轉變而禱告。多年來有許多親戚與他辯論及討論信仰。我們並沒有纏著他，而是給予尊重，總是鼓勵他保持敞開的心。當他接受耶穌基督進入生命裡時，那真的是一個喜樂的祝福；是一個上帝的家人，竭盡所能來幫助他與耶穌同行的結果。

我叔叔的受洗是一個神國度的得勝。為了那個國度，我這一生都致力於分享我的信仰。我一直在找尋機會打開每扇大門，促成更多潛在的轉變出現。

把靈魂帶到基督面前

因為已完成這麼多場關於我的信仰的演講，並且擁有跟未信主的人分享的經驗，我已學會當他們挑戰我的時候，不要太情緒化。我與許多聰明而又有才幹的辯論者有過深層的心靈交談。我曾多次向上帝禱告，祈求給我智慧。我的目標不見得是要改變任何人的信仰，而只是希望引發省思，以愛與尊重播下信仰的種子，促使他們走上追求真理的道路。

耶穌終有一天會再來，而且會完成審判。就在這一天，我們所有人都會知道，對於作惡或是選擇不相信上帝話語的人而言，地獄是真的，死亡也是真的。他們將不被允許進入天堂。在那之前，我在地球上的使命就是——愛上帝、更認識祂的話語、愛我的家人與身邊所有人，以及，分享我的信仰。上帝是公義的神。在地球上所有人還沒有全聽過耶穌以前，祂不會讓祂的兒子第二次再來。我相信我們正在前進當中。當我看到《基督郵報》的報導，就連在伊朗，那個伊斯蘭共和國領袖們會公開處決與監禁基督徒的地方，都預計還有將近四十五萬名活躍的基督徒，暗地裡在家庭教會敬拜的時候，我是很抱著盼望的。

如果在這樣充滿敵意的環境裡，這些相信耶穌的人都有足夠的勇氣，願意冒著生命危險跟隨主，那麼所有的基督徒都應該有足夠的勇氣去分享他們的信仰才對。無神論者與非基督徒們，常覺得基督徒的信仰很盲目與死板，而且也不願意開放地進行討論。所以如果你願意傾聽，謙卑而又自信地提供你的想法，就可以幫助他們改變這個誤解與開啟更多扇門。我總是試著找出他們對信仰的看法，以便能更了解他們的立場、更貼近地傾聽，與更智慧地回應。

我與無神論者、對我的基督信仰提出質疑或想要了解更多的人，所進行的討論中，涉及到的一些問題和談話重點如下：

(1) 如果真的有這位良善的神存在，為什麼祂允許這世界上有苦痛呢？

並不是上帝施加這些痛苦。而是罪的咒詛，把痛苦、苦難與死亡帶入這個世界裡。上帝原本在伊甸園裡可以扼阻蛇的誘惑，但因為自由意志的緣故，他並沒有這樣做；他原本可以阻止撒旦，但祂沒有選擇這麼做。至少還沒有。有人說，上帝知道這件事會發生卻沒有阻止，是很不公義的。

但祂讓我們成為祂的孩子，而不是天使；是一群能透過信心選擇相信祂，而不是憑眼見的孩子。如果祂告訴我們，祂給了我們自由意志，但我們卻從來都只能聽從獨裁指揮者的指令，那不是更不公義嗎？亞當和夏娃被賜予了自由意志，所以祂允許蛇來告訴他們，有別於上帝告訴他們的那些事。

終有一天上帝會終止所有苦難。在那天來到以前，祂呼召我們來幫助所有的人類聽見福音，並且與祂配搭，一起來減少苦難。如同上帝給予亞當和夏娃，每一個人也必是享有同樣的選擇權。那些沒有聽到過耶穌就逝世的人，在經文裡並未清楚地被提起過，但是我們知道，我們服事的神是一位憐憫的神。這給了我們更多的理由，來盡自己的本分去觸摸這個世界。當那一天到來的時候，就永遠再也不會有苦難，同時真的沒有痛苦。我們會與耶穌一起，經歷祂的終極計畫——就是與我們在天上的父一起。

在那之前，如果你相信祂的話，上帝會給你恩典，走過一切祂讓你經歷的事。在面對那些痛苦與煎熬的時候，你可以選擇去相信上帝說的，或是其他人說的。那些相信上帝的人，會在暴風雨中經歷祂的平安與力量，即使在最黑暗的夜晚。無論發生什麼事，我們都有盼望，祂會一步步帶領我們走過每一天。

(2)為什麼你會覺得基督徒是唯一被允許進入天堂的人？

我得承認，這個問題不容易回答。聖經告訴我們，除了祂以外，別無救恩，因為在天下人間，上帝沒有賜下別的名，我們可以靠著得救（使徒行傳 4:12）。耶穌不單單只是一條能到上帝那裡的路，而是唯一一條能通往上帝那裡的路。祂自己在約翰福音 14:6 就曾說過：「我就是道路、真理、生命。若不藉著我，沒有人能到父那裡去。」

信主的人與未信主的人時常同樣問我：「那些從來沒有機會認識上帝的人，他們怎麼辦？」他們給的例子，像是在還沒有受洗前就逝世的嬰兒，因為重度智能障礙無法理解屬靈概念的人，還有在原始文化裡未曾接觸過聖經或上帝的原住民，天堂不開放給他們嗎？

對於這個問題我真的沒有一個確切的答案。我也無權成為這個審判者，祂才是那位依照祂的心意行審判的。聖經的確是有表明，所有逝世的嬰孩都會進天堂。嬰孩與幼兒，包括智能障礙者，可能帶著原罪生下來，但他們沒有能力理解上帝的律法，或是重生與受洗的需要。他們完全沒有任何善與惡的概念，或是完全不知道他們需要上帝的饒恕。

聖經裡似乎有提到無辜的孩子會被允許進入天堂。在申命記 1:39 節，提到在應許之地以外那些被禁止的孩子，上帝說：「並且你們的婦人孩子，就是你們所說、必被擄掠的，和今日不知善惡的兒女，必進入那地。我要將那地賜給他們，他們必得為業。」

聖經也說到，大衛與拔示巴在婚姻之外有一個孩子，但那個孩子後來逝世了，大衛仍覺得他在天堂會再次看到他的孩子。「我必往他那裡去，他卻不能回我這裡來。」（撒母耳記下 12:23）他這麼說。

許多學者、服事神的人，為聖經學生解釋了各個經文，表明上帝對這些無法做出決定認識祂、未能尋求祂恩典和饒恕就逝世的人，是有憐憫的。我想相信這些，而且我禱告這是真的，但我無法確切地說。

曾經有個婦人跟我分享她的故事。她有一個智能障礙的孩子，後來自殺了。她問，這樣子的孩子們是否會去天堂。再一次說明，有些問題我們沒有明確的答案，而許多人會引用聖經的話來支持他們的盼望。我想要選擇相信，他們會被允許進入天堂。我禱告這是真的。我所能做的一切，就是為所有的人禱告，盡全力分享我的信仰，並且求神安慰與賜下平安給所有祂的孩子們。而這就是當我們無法全知所有事情，卻仍舊在所有事情上選擇相信祂的時候。

⑶為什麼有些無神論者與未信主的人，比一些基督徒們看起來好像還要更好、更成功？為什麼上帝會允許這樣的事呢？

我不認為他們是比較好與比較成功的人，但這是一個蠻常見的說法。無神論者與未信主的人，會經常列舉一些他們認識的基督徒，多半都是一些表裡不一，或甚至是沒有照著神的誡命而活的罪犯。然後他們同時也會指出一些活出榜樣的無神論者或「不可知論者」（編按：此處原文為agnostics，意指對神存在與否不能肯定，或認為不可知的人），覺得他們似乎在各方面都有得到祝福。他們會問：「如果成為基督徒，並不能保證你能成為更好、更開心的人，那為什麼成為基督徒會比較好？」

我的確認識許多有或沒有宗教信仰的人，聲稱自己真的開心與成功。同時也有許多研究發現，宗教信仰非常虔誠的人，比起沒有宗教信仰的人，參與了更多的家庭探訪、志工與慈善捐款活動。許多評論家駁斥這項研究有漏洞，因為它完全沒有包含非宗教人士在裡面。他們堅稱，快樂與否，更多是依我們與其他人以及周遭世界的連結程度多寡而定。

說真的，我覺得這個研究與其他相似的研究，都放錯重點了。基督徒不是為了找尋快樂而實踐他們的信仰，而是在尋找永恆的救贖，重點在於與上帝的關係中祂所給予的力量、平安與愛。少了與耶穌同行的力量和我在祂計畫上的專注，以及永恆生命的視野，單純只因著人生所發生的事情，快樂、悲傷、沮喪，然後再次開心起來，是很容易的。相反來說，當我在上帝裡面得著喜樂的時候，其他人看得見，我的平安並沒有因為我所面臨的一些處境（有時候甚至是很極端的）而被帶走，我的力量與信心仍在。

我不是因為其他基督徒或是他們的榜樣，而成為基督徒的。我之所以是一個基督徒，是因為我跟隨耶穌基督——因為祂就是祂，還有祂為了我與你的罪，犧牲自己的生命，所做的一切。祂與魔鬼面對面，而且勝過魔鬼。在我的認知裡面，沒有人做過這件事。耶穌就是那位透過道成肉身的方式，戰勝罪與死亡的神。

我的目標就是跟隨祂的樣式，帶領大家與我一起走向天堂的道路，越多越好。我無法保證每個人，或是所有自稱是基督徒的人，都能進入天堂。我們都有自己在罪與誘惑裡的仗要打，而最終成功與快樂的評量依據，在於我們是否享受這個永遠在上帝身邊的生命。

(4)我為什麼會想要成為基督徒？他們完全沒有多少樂趣呀！

這個論點是由患有 FOMO 症候群（Fear Of Missing Out，臉書時代的心理疾病，恐懼錯失新資訊）的人們所提出的。但是，在他們邀請耶穌基督進入自己生命之後，到底還能錯過什麼呢？

關於上面這個問題，我所得到的回應通常偏向於性愛、藥物與搖滾等等。還有些人會提到成人影片與酒精，或者是去脫衣夜店。

這些屬世的追求，對某些人來說，可能可以帶給人短暫的歡愉，但對這說法我的辯解是，身為一個基督徒所能獲得的，是在長久裡面，遠超過這些世俗所能給予的愉悅與快樂，更何況還有那永恆的喜樂。我承認有些基督教派，會讓生命看起來像是一個冗長艱難的辛苦旅程，但我也認識許多基督徒們，不必沉溺在成人影片、脫衣夜店、藥物或其他惡習當中，就能活得很開心，甚至很喜樂。事實上，幾乎我的所有基督徒家人與朋友們都是如此。我們和我所認識的任何一群人，一樣會盡情參加慶祝派對，但完全沒有需要濫用藥物或酒精，而且我們超愛各式各樣的音樂。所以我不怕錯過任何未信主的人所能享受的事情。我的基督徒朋友與家人們明白，擁有一個與耶穌基督的關係，遠比任何一個屬世的歡愉還好。

有些未信主的人會說，婚外性行為是一個基督徒通常會錯過的歡愉之一。我對這一點的回應是，擁有婚外性行為，其實是在玩火。在與別人有性行為時，你同時也是在與一個你可能知道或不知道的人產生連結。在婚姻之外，愛與真正的委身是不存在的，結果注定有人會受到傷害——而且受傷的通常會是內心最脆弱的那一個。

重複性的婚外性行為，最終會痲痺我們的靈與魂。我曾經遇過未信主的人告訴我，他們所謂的開放式婚姻，能夠容許他們與任何人有性行為，而且還說這樣子對他們非常適用。但是就我的觀察，絕大部分這樣的人結果似乎都是離婚，反而感到孤獨。

婚姻之外的性行為是一種罪，在許多處經文裡都提到了這點。上帝不是一個設立法條與規範的神，而是我們看見與感受到的一切事物的創造者。生命，就是關於如何在祂的心意與規範裡，使用祂為我們所設計的一切，然後我們能在當中經歷喜樂、滿足與愛。

性不是愛的本身，但它是一種愛的表達與神聖的親密關係。夫妻在婚姻裡可以享受彼此的愛以及經歷生命，如同上帝所預設的心意。性本身並不是壞事，但性的觀念已被仇敵所扭曲，並且轉變成一種走向毀滅的貪欲之路。

我當然無法替所有的人說話，但身為一個與上帝有個人親密關係的基督徒，我相信每一天與祂同行，就是最深刻、最令人興奮的事了。在這世界上，沒有任何一件事，可以與在上帝的關係中找到平安喜樂相比。這就是我們相信基督的教導的最大理由。我們知道，沒有任何事可以滿足我們靈裡，對如此真實的盼望、平安與愛的渴慕，更別說是任何一個短暫或被編造出來的事物。

當我請無神論者形容什麼事能讓他們開心的時候，他們常常會說，把生命活到極致，或是體驗新的地方、人事物，比如奢華的車、船與其他一些大人的玩樂事項。有些人說，他們最大的喜樂就是有孩子、有孫子女。這話我非常能理解。我享受與我太太和孩子們一起生活的快樂，但真正的喜樂是來自於，知道我們的孩子也是上帝的孩子，而祂會永遠看顧他們。對我來說，在每一天裡，知道我距離回到耶穌的家更近了，而且我永遠都不會死，這是個更大的喜樂。在那之前，我是祂的大使，被天使包圍著，而且還被祂的聖靈充滿。

⑸我為什麼會想要委身於一個教會，還有它諸多限制的教義與學說裡？

老實說，越來越少基督徒會固定在一個教派或教會裡了，許多人反而喜歡選擇無教派或嘗試不同教會。特別是年輕的基督徒們，不再傾向於選擇終生留在一個教會中。

每一個教派與教會都有它的優點與缺點，長處與短處。那些只歸屬於一個教會的基督徒們，通常是因為他們想要歸屬於某個信仰的社群，並且想認識與了解其他的教友。身為穩定教友，許多人會從中找到鼓勵，並且享受在信仰中的成長。但現今的趨勢，特別是年輕的基督徒，會在決定紮根於一間教會以前，去看看一些不同的教會與教派，看看哪一間比較開放與舒服。

重點不在於你要不要全心投入一個教會，而是你是否能全心投入與耶穌同行的路。教會是一個可以自在敞開、交談、學習，以及與上帝關係增長的地方。教會提供一個讓人諮詢問題、接受輔導的處所，以及得到上帝大家庭的陪伴，他們會藉由禱告來守護你與你的家人。

在那裡你可以聽見神的話語、被餵養，以及在靈裡成長。這或許不會拯救你，但找到一間家庭教會是非常要緊的。在裡面耕種，透過找到你的呼召與使用上帝給你的恩賜，來服事他人，討神的喜悅。

⑹ 如果你想要相信，當然可以啊，人各有所好。但你可以證明給我看上帝是真的嗎？

在我的家鄉澳大利亞，在未信主的人群中這種想法很常見。他們會尊重基督徒，但不覺得自己需要把生命交給上帝，因為沒有事實能證明上帝的存在。

我不覺得基督徒的職責，是要向那些不相信神的人，證明上帝是存在的。畢竟最後都要回到相信。但終究，我們都需要很謙卑地承認，我們並不是總能看見真實存在的事物。

許多無神論者會爽快地承認，無論你提出什麼樣的證據，都不能說服他們上帝是真的。對於有些要求拿出存在證據的人來說，我會用我認識上帝之前的自己，與將生命獻給耶穌之後的自己，來作對比舉證。

我的信息是：祂可以使用我們所有的人，而且祂有一個計畫。我通常會分享一些有點極端的見證的故事，譬如發生在印度那些性奴隸身上的實例，關於她們找到耶穌後的轉變。她們還會回頭來解救其他的奴隸，並且饒恕那些曾經虐待自己的人，為他們洗腳服事。這些故事都有真理與大能。

我幾乎沒有遇到任何人會反駁這些故事，而且許多人還會問更多問題以求更深入了解。我最終會問他們的問題，無非就是：「你滿足而且快樂嗎？你有沒有一個盼望是可以超越此生的？你是否真的擁有一個可以永生存續的平安？」

通常在這個時候他們會說，沒有人能確切知道是否有靈魂這個領域存在。然後我會分享自己遇見過的故事與黑暗的例子，其中也包括從魔鬼、邪術到巫毒等所有那些事。如果對方只相信科學，我會請他們去調查研究這些發生在世界遙遠角落裡的事情。

大多數人最終必須要決定，他們是不是真的想改變自己的信仰。如果一個無神論者相信邪惡的超自然力量，那麼這個人也應該要有同樣的邏輯，他必須接受，這世上同時也有良善的超自然力量。

無神論者經常說：「當我看到的時候我就會相信。」但我的問題是，如果你先找到的事實是黑暗的怎麼辦？我不會鼓勵他們去跟如此危險與真實的力量交流，但如果真的必得走到邏輯這條路上來，那麼我們的對談通常也就到此為止。

(7)你能不能至少讓我看見一個上帝存在的跡象呢？

我無法說服你真的有這位神存在。唯有在上帝的恩典裡，我們才有可能覺察到這樣一個回應。而這同時祂也知道，如果不管在何時我們祈求了什麼，祂都完全照做，那麼大家怎麼還會有空間給必需的信仰呢？

對我來說，一切就從踏出信仰，也就是找尋真理的第一步開始。而我個人是真的找到了。在我的禱告之旅裡，我經歷了脊椎醫治、結婚和生小孩的奇蹟，同時還有許多的願望被滿足。

我曾經在一次與一群人面對面禱告的時候，見過十三個奇蹟陸續發生。我也曾經經歷過真正的平安與能力，我知道那絕非自己能力範圍內的事情。我可以為你們指引方向，分享發生在我身上的事，但最終你才是那個決定是否前往與探索、祈求與尋找真理的人。

除此之外，人類之所以存在，也確切明示了上帝的同在。科學家在許多事情上想出了各種解釋，但卻始終沒能說明所有一切的起源。整個世界與一切有生命的萬物，一定是從某個地方以某種方式開始的。我仍舊在等待一個，比「全能的上帝」更好的解釋。無論你是在研究一串人類的DNA，觀賞一隻動物園裡的長頸鹿，還是欣賞一朵花園裡的花，周遭似乎有數不盡的例子，都和這位創造者與天上的父——最終極的設計師有關。

能看見上帝的創造是何其美好的事。人類是創造了許多事物沒錯，但讚美這一位創造一切生命的對象，豈不是一件更充滿榮耀的事嗎？

⑻為什麼基督徒可以在做了壞事之後，被神饒恕？怎麼可能這麼容易？！

對，就是這麼容易，對於我們來說。但這完全是因為神的兒子為我們贏得了饒恕，透過一個一點也不容易的方式——耶穌死在十字架上，所以我們的罪可以被赦免。對神來說，讓祂的兒子這樣承受痛苦，是很不容易的。我完全無法想像自己的兒子在十字架上，代替世人承受所有的罪。

基督徒在這世上唯一能獲得饒恕的理由，就是因為耶穌為我們的罪死在十字架上。我無法為你的罪而死，你也無法為我的罪而死，但我相信，耶穌為我的罪而死，也為你的罪而死。也因為祂的犧牲，當我吐出在這星球上的最後一口氣時，我就會到達天堂的門。

對於許多未信主的人來說，要理解上帝已經赦免我們每一個人的罪，是一件很難的事。當我們還在犯罪的時候，耶穌已經為我們而死，成就了這件事。祂不想要就此為我們的罪定罪，而是想要我們跟祂一起進入天堂，所以我們必須接受上帝的赦免，透過我們為罪悔改。如果我們持續犯罪，拒絕悔改，不相信上帝的良善與愛——透過祂兒子的犧牲表現出來——那就不會有赦免。

所以，我們必須對上帝坦誠自己是罪人，並且想要停止活在罪裡，遠離那些我們知道不討神喜悅的事。一個真正的悔改——是一個扭轉人生與改頭換面的決定——是從上帝的恩典而來，由此加添力量給我們，不再為自己而活，而是要為祂而活：每一天都活在祂的計畫、祂的道路、祂的力量裡。

當這是一個真實的轉變時，這個決定的果實會從我們每一天的生活顯現出來。上帝沒有要求我們完美，但是透過祂的恩典，祂想要我們尋求完美——透過依照祂的話語而活，愛祂，而且相信祂是那位獨一的真活神。

大家可能很難相信，慈愛的上帝可以赦免與忘記我們的罪，因為即便你自己都無法饒恕與忘記。良心會告訴我們什麼是對的，什麼是錯的，我們也許會沉溺在過去的迷戀、外遇或是其他的罪。很多時候，對於曾經做過的那些自私、貪婪、自大與不實的事，我們無法忘懷。在我認識的人裡，有人把自己的生命交給了耶穌基督，但是在幾天或幾個禮拜後，反而感覺更沮喪，因為他們對於過往的罪還是感到愧疚與懊悔。他們以為成為一個基督徒就可以終止所有這些感受，其實並不是這樣的。

但是我們要知道，即便自己無法饒恕與忘懷，上帝仍要赦免與忘記我們所有的罪。只要我們願意接受祂的赦免、榮耀，並且愛祂，祂比我們對自己還要寬容。有時候你需要主內的弟兄姊妹，來輔導與鼓勵你放下過去的一切；有時候可以找人與你一起禱告，幫助你與耶穌同行。只要持續想著服事祂，為祂而活——一天一天地遠離罪與邪惡，並且在每一天尋求赦免，同時讓祂持續在你的生命裡做工——上帝的恩典就永遠與祂的孩子同在。你可能還是會跌倒。上帝祂明白。但就是這樣持續不斷地一邊禱告一邊向前行。

我永遠都不會是一個完美的丈夫、父親、兒子、兄弟和至高神的僕人，但我會因信稱義地努力，我會默想經文，而且花時間與神說話。這些行動能幫助我更靠近祂，走在祂為我預備的人生計畫上。我的家族有一個家庭教會，我們覺得在這裡大家可以彼此成長。

記得，如果你在罪裡有掙扎，不要害怕告訴別人，而且要尋求幫助。我們沒有一個人是完美的，只不過要脫離舊有的習慣與束縛，有時候需要時間。我們都需要彼此的支持，而身為神家中的家人，我們都要在彼此身邊互相支持。跟朋友、家人、牧師或是一個輔導員聊天，最酷的事就是，他們都會鼓舞與激勵你，繼續努力成為上帝最棒的孩子。

⑼為什麼基督徒要相信那些花招，像是醫治的神蹟、預言與異象，還有神給的恩賜？

許多無神論者覺得，基督徒決定跟隨耶穌基督並不是出於相信，而是因為他們被操控，開始相信可以從中獲得許多屬世的好處，譬如醫治、先知預言，還有包括健康、經濟上的回饋與職涯成就等等。這些話我曾聽未信主的人說過，同時我也見過一些教會與服事者，超過了底線，聲稱上帝希望他們富有，擁有華宅和豪車。

真的基督徒，不會因為上帝可能賜予的禮物而愛祂。我們與上帝不是一個交易的關係，而是一個轉變與被塑造的關係。我們是因為愛祂而被改變，不會追求因奉祂的名而有的預言或是屬世的好處，不會從這些東西裡得到喜樂或熱忱。反之，會專注在我們與耶穌基督每一個時刻的關係裡。

在被救與受洗的那一刻，我擁有了與耶穌展開一段關係的信心。這使我轉變，變成了一個新造的人。當我與上帝保持親密的時候，我的優先順序和生活方式都改變了。平時上教會，與上帝維持一個表面的接觸，這是信仰的一個層次；而擁有一個全然不同的轉變，透過每日禱告維持與祂的關係，靈修經文、默想、隨時將視線專注在我們的天父身上，這又是另外一個信仰的層次。

詩篇 37:4 說道：「以耶和華為樂，他就將你心裡所求的賜給你。」在一個與耶穌基督的真實關係裡，你會承認並且接受，上帝對你的計畫遠比你自己所想的任何計畫都還要好。

在我還小的時候，我禱告能有一個神蹟可以給我手與腳。許多人到現在還會上前來跟我說終有一天我會被醫治。可是他們其實真的不知道。他們可能希望我被醫治，而你可能也會為我禱告並且代求，但是沒有一個人能知道上帝的計畫，直到我在這世上吐出最後一口氣為止。

我經常禱告醫治，而且也看過許多似乎完全或部分痊癒的人，譬如有一位曾經的印度孟買人口販子，他被慈愛的上帝給治癒的神蹟。我常告訴那些被我禱告的人，我不一定能對他們保證什麼。上帝有祂的計畫。我們不會得到我們想要的，除非上帝祂也想要。祂可能不會給你你想要的，但總會依照祂為你預備的計畫，給你你需要的。你可能會覺得你需要一百萬元，但上帝也許覺得你只需要足夠的錢來餵養你的孩子。

那麼，成為一個基督徒唯一最合理的理由，就是愛神，而且照著祂給我們的生命藍圖，渴慕祂為我們所預備的。如果你生病了，就為醫治來禱告，而且也讓其他人一起。為任何你覺得需要的物事來禱告，甚至是你內心的渴望，但同時你要知道，最大的神蹟就是認識神。每一天都學習愛祂更多一些，並且相信一切都在祂的掌控之中，祂會照著那個完美的計畫來護佑你。

「耶和華啊，求你將你的道指教我，我要照你的真理行。」（詩篇 86:11）對於人們問我的這些問題，還有我自己的疑問，不知道是否終有一天會有答案，這都要等到進了天堂才會知道。我知道《聖經》只是這整個真實故事的一部分。不管此生花費多少年在探尋真理，我覺得我們都不可能找到所有一切的答案。那些尋找有關上帝的真理的人，常常落入教義與神學的競爭裡。追尋真理不應淪為競逐掌控。我們就直接切入真理，並且接受它吧。

在此同時，我的目標仍舊是帶領人們進入耶穌基督的永生，而且越多越好。只要能成功帶領一個人與我一起進入永生，那就值得了。我希望這是所有信主的人關注的重點。我覺得大家都應該專注在彼此所共同擁有的，而不是為相互的不同爭吵。根據使徒行傳的書卷裡描述，在最早初的教會團契生活中，所有信徒是共聚在一起用餐，而且禱告：「他們懷著喜樂和誠懇的心用飯，讚美神，並且得到全體民眾的喜愛。」（使徒行傳 2:46-47）

基督的教會是由私人住宅中開始發展的，忠誠的信徒們在這裡聚集。早期的基督徒們明白，教會這個概念，關鍵不在於那些磚頭和水泥，而在於宗教屬靈。他們稱這場所為「家庭教會」（house church）。近幾年我參與過一些團契，常讓我想起這些早期信仰的群體團聚。

我最近剛在科羅拉多州的基督音樂節（Night Vision Festival）上演講過。這並不是一個小型的家庭教會團契。當天現場超過六千人，不過他們確實遵循了使徒的教會典範。不管是什麼教派或教義，那天所有人全都聚集在一個大公園裡，帶著椅子、毯子以及一顆想要分享的單純的心，來讚美耶穌。那是一個很熱又很悶的晚上，但氣氛是非常喜樂的。依我的計算，現場有二三六個人接受主，而且有一三〇個人把自己的生命再度交給祂！讚美神！

把人帶到耶穌面前，大概是我的服事工作裡，最讓人興奮、最有成就感的一個部分了。當我在台上演講時，人們對於故事裡我的孤獨和自殺的念頭，特別能連結感受。雖然大多時候，我相信都是上帝改變了他們的心，同時上帝知道他們每個人的名字，以此來呼召他們。

僅僅是分享我的故事，並不代表我已觸摸到所有需要被觸摸的人。大部分未信主的人都有自己的疑問，就像我在這個章節裡所列舉的。我試著透過自己的真心對他們的心說話。我告訴他們為什麼我曾經不相信上帝，然後帶著他們走過我所曾走的路，來相信我們的救主，耶穌基督。

我的故事跟大部分的人好像不太一樣，但實質上我所面對到的問題是一樣的。我想要知道上帝為什麼創造了我，為了什麼目的。當祂向我顯示了創造我的目的，以及讓我看見人們聽見我的故事的回應之後，沒有四肢這件事就變得一點也不殘酷了。

我花了八年才找到這個答案。這趟旅程裡的經歷，成為大多時候我用來呼召人的依據。在這個遲來的答案裡，上帝幫助我創造了最棒的禮物——擁有一個可以啟發與帶領別人到耶穌基督面前的故事。我的故事會讓人產生信任；同時當我分享耶穌在我身上所做的工作時，會幫助那些正在尋找上帝的光的人，看見那條道路。

成為基督徒的這條路

無論你做了什麼，無論你如何搞砸一切，上帝都預備好要接受與饒恕你。祂正在等著你，而且祂的大門是完全敞開的。成為一個基督徒並不是要清理你所有的行為，然後試著變成一個好人。這並不是一種瘋狂的罪惡管理系統。其實，我們都站在上帝面前，手中捧著一堆破碎的碎片，而當我們把這些碎片交給祂時，祂可以改變你的生命！

所有的工都是上帝做的，祂把我們生命的所有碎片再次修復。上帝是唯一一個能讓我們再次完整和潔淨的那一位。祂的工作就是要恢復破碎的生命，包括你的。

想要真的認識上帝，你必須要對耶穌說：好。如果你已準備好要與耶穌展開一段關係的話，現在就是最好的時間點！我想，我就以有關信仰的幾個問題來結束這一章吧，針對如何跨出邁向永生之路的第一步，為非信徒作幾項重點總結。我時常被問到，**如何才能成為一個基督徒**。對於這個大家很喜歡提的問題，我的回應如下，歡迎各位用來與正在尋求指引的非信徒分享。

首先，要了解與接受你是一個罪人。

罪的定義很簡單，就是犯了上帝的律法。就連做好事的好人都無法討神的喜悅，或是獲得祂的認可。聖經裡的標準是超乎想像地高！我們沒有一個人能達到完美，或是接近這個標準。無論多麼努力，你永遠都不夠好。

聖經說我們所有人「都犯了罪，虧缺了神的榮耀」（羅馬書 3:23）。罪是我們與上帝之間最大的阻礙。事實上，聖經教導說我們的罪就如同死刑宣判！羅馬書 6:23 說：「罪的工價乃是死。」很沈重的話，但這就是聖經裡的教導。

第二，承認耶穌基督為你死在十字架上。

上帝為我們的罪給出了最終極的解決方法。你必須要先看見上帝的兒子為了你的緣故，獻上了祂的生命。這就是所謂的好消息！羅馬書 5:8 說道：「唯有基督在我們還作罪人的時候替我們死，神的愛就在此向我們顯明了。」我們本是要承受死亡的，但耶穌基督祂卻代替我們死。祂這麼做是為了讓我們可以擁有真正的平安，並且享有與祂的關係。祂這麼做是為了要讓我們可以進入天堂，成為祂的孩子，沒有痛苦地與祂永遠在一起。

第三，為你的罪悔改。

在你承認你有罪，接受耶穌為你而死的好消息之後，現在就到了說道歉的時候了。向祂坦誠你做錯的事，並為你的罪悔改。所謂悔改的意思，就是轉離罪，拒絕活在罪的生活樣式裡，而且全心地靠向上帝。使徒行傳 3:19 說道：「所以，你們當悔改歸正，使你們的罪得以塗抹。」（此句經文出自 NIV。編按：NIV 即 New International Version 縮寫，是為英文的聖經版本。中文的版本則為 CUV，意即和合本。）

第四，接受耶穌基督，讓祂進入你的心與生命。

要被拯救，需要踏出信心的一步；需要向唯一能救你的那位，踏出信心的一步。聖經告訴我們除祂以外，別無拯救，因為在天下人間，沒有賜下別的名「我們可以靠著得救」（使徒行傳 4:12）。耶穌不是去到上帝那裡的其中一條路，祂是去到上帝那裡的唯一一條路！約翰福音 14:6 說道：「我就是道路、真理、生命。若不藉著我，沒有人能到父那裡去。」

你想不想要耶穌成為你生命的主呢？你準備好要因著信心活出你的生命，並且順服於祂了嗎？那麼現在，就開口邀請耶穌進入你的生命。耶穌說：「看哪，我站在門外叩門；若有聽見我聲音就開門的，我要進到他那裡去。」（啟示錄 3:20）

你準備好了嗎？如果你想要開始與基督的一段關係，現在先停下來一會兒作禱告。你可以用自己說話的方式跟上帝說，用你覺得自然的方式表達想法與感受。最重要的是，你與上帝的對話是完全真心的，是照著聖經裡的例子而做：「你若口裡認耶穌為主，心裡信神叫祂從死裡復活，就必得救」（羅馬書 10:9）。

下面是一個你可以用來禱告的簡單範例：

耶穌，我承認我是個罪人。我因為自己的罪與祢隔絕。但現在我明白祢來了，而且為我死在十字架上，完全擔當了我罪的問題。我準備好從罪裡悔改，且回轉向祢。我透過這些禱告裡的話，承認耶穌是我的君王與救主。我相信祢為了我從死裡復活。謝謝祢拯救我，阿們。

如果你做了這個禱告，而且是認真的，那麼耶穌基督就已經進入到你生命裡了！你要跟隨祂的這個決定，代表著上帝已經饒恕你了。你會在天堂的永恆裡與祂同在。

約翰一書 1:9 說道：「我們若認自己的罪，神是信實的，是公義的，必要赦免我們的罪，洗淨我們一切的不義。」另外一句很能鼓勵我們的經文，是在詩篇 103:12，說道：「東離西有多遠，他叫我們的過犯離我們也有多遠。」

你在耶穌裡的信心救了你，現在就去，並且平平安安地活吧。如同保羅在羅馬書 15:13 鼓勵的：「但願使人有盼望的神，因信將諸般的喜樂、平安充滿你們的心，使你們藉著聖靈的能力大有盼望。」

3 在家中的福音
The Gospel at Home

在二〇一六年天的某一天，我從辦公室回到家裡。正當我踏進門的時候，我被兩個兒子逮著了，他們對我又親又抱。我不知道這世界上是否還有比這個感覺更棒的了。

這是我離家兩個禮拜，在七個西歐國家演講後，唯一會在家的一天。在這些極度疲累的旅程之後，我體力恢復的時間似乎越來越長。家人的擁抱還有親吻幫助我在情緒與精神上，很快地恢復過來。

德揚（Dejan）是在二〇一五年八月七號生的。這是他第一次能夠站起來給我一個擁抱。他一直都在觀察，比他大兩歲的清志（Kiyoshi）用這個方式迎接我，所以他等待著能夠控制自己兩隻小腿的時間到來。

這一天看見清志抱我，於是他也跑過來。他試著想要把清志從我身上拉下來，而這個舉動讓他們兩個開始大笑，在我身邊跑來跑去，好像我是他們的音樂玩具車一樣。突然德揚在我面前停住，清志則停在後面，兩個一起用他們的手臂包圍住他們喜悅的父親。

我當單身漢太久了。那個時候從長途路程回到家中時，家裡都是空的。我花上好幾個禮拜的時間對幾千人說話，他們會排上好幾個小時的隊，就是為了要給我一個擁抱。但每當我回到家後，總是要面對無聲與刺痛的寂寞。現在我知道上帝讓我經歷這段日子，就是為了讓我能完全珍惜身為丈夫與父親的喜樂。

現在，我比以前更能成為耶穌的手與腳，無論是在路上還是在家中。在福音的分享裡，我的家人是我首要的責任。現在當我在路途中時，我的心思時常會遊走到我老婆、孩子與家上邊。我只是想要與他們一起，在我們這個家的聖所裡，因為在這裡我們可以單純地在一起。我很愛這個家的獨處私密感。我沉浸在他們的愛裡。

每當看到他們依偎在一起，擁抱彼此或佳苗（Kanae）的時候，我時常會感動到哭。佳苗收服了三位愛慕他的男人的心。我和老婆今年曾聊到可以試著生個女兒，來平衡家裡男女生人數，只是這個計畫得先暫緩幾年，讓我們能有一些喘息的空間。可是上帝卻有不一樣的想法，祂以即將出世的雙胞胎女兒，給我們雙倍的祝福。對於那些禱告要給家庭雙倍祝福的人，你們要小心了！

第一次——以及每一次——成為一個家長，都帶給我許多驚喜與啟示。當我找到佳苗並且與她共結連理後，我以為人生大概就差不多這樣了。但是，孩子們讓我很快從這些錯覺中醒過來。他們會讓你認識到，其實你沒有自己想像得那麼有智慧、耐心、活力，以及擁有一顆強壯的心臟。他們會讓你謙卑下來。

每一天我都被迫承認，在成立家庭以前，我其實是活在一次元的世界裡。那個時候，根本不知道自己不知道的是什麼，但現在每一天我都學到新的東西。

少了上帝的智慧、耐心、精力與力量，我不知道有哪一個家長能夠順利過完每一天。自從進入這麼美妙與偶爾狂野的父母之旅後，我比以往任何時候都禱告得更多，向神尋求超級大量的這些特質。

最嚴重的疼痛

我在公開場合承認過很多次，我對痛苦的厭惡感。但，成為父母這件事教導了我，原來有比自身的痛還要更痛苦的痛——舉例來說，我其中一個孩子的痛。我深覺得這世上，沒有一件事，比我的孩子正痛苦著而我們卻找不出原因，還更叫人無助驚惶的。

二〇一四年十一月，我們到美國達拉斯探望佳苗的媽媽。當時，一歲又八個月大的樂天派清志正在跳舞唱歌，卻突然間開始在床上嚎啕大哭。我們衝到他床邊的時候，他似乎正在承受劇烈卻間歇性的疼痛，特別是在身上幾個很令人擔憂的部位。

他會抓著他的小弟弟然後尖叫兩三秒鐘，在疼痛消失後又恢復正常。我們當然提高了警覺，可是卻無法找出到底是什麼原因造成他的痛楚。我們查看了他的衣服，看看裡面是否有任何東西在螫刺或摩擦，但卻徒勞無功。

這件事第一次發生的時間，大約是在凌晨兩點。我們聽見他發出哭聲，衝進他的房間時，找不到任何造成疼痛的原因。佳苗待在他的床邊安慰著他，一直到他睡著為止。但幾分鐘後他又會醒來，再度開始嚎哭。

往往一分鐘前還好好的，一分鐘後又開始啼哭。當情況持續不斷發生，次數越來越頻繁時，我們開始計算症狀發生的間隔時間，大約是每七分鐘一次，同時我們送他去急診室就診。急診室的醫生也很困惑。那當下他的疼痛已變成每三分鐘一次。在注射了嗎啡（驚！）舒緩疼痛後，他們為他做了各式各樣的檢查。嗎啡？我的兒子！？

即便如此，最後還是花了八個小時，才讓他漸漸安定下來。他當時已經筋疲力盡，他的父母也是。我打電話給我媽媽，請教一些護理的經驗。她非常擔心，但因為她跟父親正好在郵輪上渡假，能做的也很有限。她為自己無法陪在我們身邊而流淚，但是我們有很多恩典，剛好有佳苗的家人在達拉斯陪伴著。他們是很大的安慰與力量支撐的來源。

我們禱告著，也請所有認識的人一同禱告。當時有好幾千，甚至好幾萬我的臉書按讚者，也在為清志禱告。急診室的醫生說，從所有的檢查報告都沒發現任何問題。最後在沒有找到任何發病原因的情況下，我們把清志帶回他祖母家，讓他上床睡覺。可是都還沒來得及坐下來，他就又開始大哭了，於是我們又趕緊帶他回醫院。後來他們給他更多的止痛藥，並且讓他在那裡過夜。

所以，我會安慰你

我們在天上的父曾看著祂的兒子在地上受苦，所以我知道祂一定能明白，看著自己的孩子在痛苦中，是身為一個父母最深切的痛。因為父母本能都會保護與安慰他們的孩子。這段經文：「讓小孩子到我這裡來，不要禁止他們，因為在天國的正是這樣的人。」（馬太福音19:14）一直不斷在我腦海裡浮現。

我禱告上帝能減輕清志的痛，並且導引他的醫師們找出病因與治癒方法。我也向祂尋求憐憫與力量。我知道上帝有一個計畫，雖然不知道這個計畫是什麼。我唯有堅持這個信念——背後有一個超越我所能見的目的。

羅馬書 5:3-4 說：不但如此，就是在患難中也是歡歡喜喜的。因為知道患難可生忍耐、忍耐可生老練、老練可生盼望。一開始，我禱告：「我的主我的神，停止這些疼痛吧，如果你不做的話，那就拜託幫助醫生們找出原因，讓他們幫助他。」在我的靈裡出現一個以往完全沒感受過，全新深度的痛苦呻吟。在我小的時候，因為我是如此與眾不同，有時會活在一個孤寂的世界裡。有時候我會覺得，我的人生比原本該經歷的還要艱難。但這個人生本來就是會從好的變得更好，而且，沒錯，有時候會從最糟的變得沒那麼糟。

當山的高峰變得越來越高，低谷也會變得越來越低；而就在這高點與低點之間，正是我們成熟度與信仰增長的地方。我們的性格會被塑造，會想起在過去的經驗裡，上帝有多麼地信實。

我覺得上帝允許我們感受到軟弱與迷惘，因為這樣使我們能被提醒——其實我們所有的力量與引導都來自於祂。如果人生如同微風一樣輕鬆，完全能自給自足，那麼大家就永遠不會想要尋求祂的幫助了。我們本就應該倚靠上帝，才能在祂裡面成長，並且一生遵循祂的道路。祂想要我們每一天都跟祂說話，與祂同行。

上帝帶領我們走過好與壞的季節，讓我們學習倚靠祂，遵循祂的話。我每天都花時間與上帝一起。在不好的時候，我反而會比好的時候反省與默想更多，因為我需要更靠近上帝。身為天父的孩子，我最大的渴望就是能認識祂，在祂裡面成長，還有接受祂，所以祂也會接受我。約翰福音 15:6 說到，任何不接受耶穌的人：「就像枝子丟在外面枯乾，人拾起來扔在火裡燒了。」我寧願不要成為點燃火堆的火引，敬謝不敏。

父母的焦慮

所有在清志身上的禱告好像開始起作用了，因為就在一天之內，那些莫名其妙出現的疼痛，突然間莫名其妙消失了。我們回家後，他再也沒有痛過。清志很快就恢復平時快樂的樣子，而孩子的媽和我，好幾個禮拜都在為他這個奇怪疼痛的源頭煩惱著。這是我們成為父母後第一次經歷的大恐慌，我們一直無法忘記這件事。

在醫院裡的某個時刻，我們幼小的兒子身上插了導管，注射著嗎啡，同時還在大哭，因為他非常非常痛。這對一個家長來說，是很難忘記的。

在他疼痛不已的時候，他們幫他驗血，讓他在三十五分鐘之內喝下二五〇毫升液體。我們覺得，這麼多的創傷與痛苦，這輩子一定在他心裡留下陰影。後來幾乎有一年的時間，他每次看醫生時都嚇壞了。同時這也在我與佳苗心頭留下創傷，好一陣子時間才恢復。

好幾個禮拜之後，我們都還活在這個陰影裡面。我們會一起在半夜裡跳起來，以為聽見清志在哭，然後才發現是自己的幻覺。父母都會想要代替孩子承受所有折磨他們的痛苦。你很想要把這些都轉移到自己身上，以減輕他們的痛苦。

這次事件讓我嚐到了一點點我父母當初一定經歷過的感受，尤其是當醫生們對於我的出生，幾乎完全愛莫能助的時候。當時沒有任何人知道該如何幫助我，除了帶我回家與為我禱告祈求最好的結果以外。最後，他們做到了！（或許我應該向神禱告讓我更為謙卑！）

當我爸媽從驚嚇中恢復後，他們把所有的恐懼與不安交到上帝手中。他們祈求祂的力量與引導，而祂就給了他們。我一直覺得他們是很棒的父母。現在我自己也成為一個父親，這讓我對他們的尊敬與珍惜一天比一天多。

他們所做的示範——活在信仰裡、順服上帝的旨意、倚靠聖靈的力量，都為我的信仰打下強而有力的基礎。看見他們走在信心裡，同時也幫助我相信，再沒有什麼比幫助別人接受耶穌基督成為他們生命的救主這件事更有意義了。因為在我們生命裡，除了耶穌以外，再沒有其他的力量與盼望了。

我現在比以前任何時候都更常禱告，因為我想成為一個值得尊敬的父親，在我身上能看見上帝的良善與智慧。看著佳苗與清志，很快地變成我最喜歡消磨時間的方式。她真的是一個很棒的母親，如此自然地給予與照護，而每一天我都看見我們的兒子回應她的愛。這樣的連結太不可思議，他們大為豐富了我的生命。

當佳苗再次懷孕的時候，我非常興奮與驚喜，因為她有如此豐富的愛來給予。使所有人感到驚奇的是，她在懷孕的過程中，完全沒有經歷任何不舒服的症狀，而且時間一晃眼就過去了。但是在她要生產之前，情況變得有點失控。那位幫佳苗打無痛分娩針的人讓我有點擔心，有一瞬間他幾乎讓我以為自己正身在電視整人節目裡，像「明星大整蠱（Punk'd）」或「隱藏攝影機（Candid Camera）」那樣，用攝影機偷偷來捕捉人面對惡作劇或奇怪事件時的反應。

家庭增長的痛苦

大約在凌晨四點鐘的時候，有一個又高又瘦而且有點笨拙的傢伙走進來。我真心覺得他一定沒有來過醫院，因為他像一隻鬥牛一樣，不斷在手術室裡撞到東西，而且還不斷失手掉落醫療用具，製造了許多不必要的噪音。後來他甚至差一點被佳苗床邊的管子與電線絆倒。

真的，我四下張望去找隱藏的攝影機，覺得一定有人在跟我開玩笑！我不想對他說任何冒犯的話，但心裡在想，我的天啊，這個人是不是假冒的啊？最後我認為，以這麼晚的時間點，他應該是極度睡眠不足吧。在這種狀態下，我很慶幸他不是在產房裡，雖然我願意相信他是無辜的。

兩個不同的男孩

當佳苗去醫院準備生德揚的時候，她的媽媽愛斯梅拉達（Esmeralda）前來幫我照顧清志。生產完後，她留下來幫忙，等佳苗恢復。對於她那一個月的協助我們非常感恩，因為在這段期間我們又經歷了另外一個家庭狀況，就是我父親被診斷出癌症。通常我媽媽和妹妹蜜雪兒（Michelle）都會幫助照顧新生兒，但是這次他們當然立刻全付精神都放在我父親的病上。

事實證明，德揚是一個很好帶的小孩，不需要花特別多的注意力。他在每一個成長階段都顯得比清志小，但是他從來沒有停止進食，而且總是想吃更多，因為這樣有一天他才能追上他的哥哥。他比清志還要有冒險精神。我們的第一個兒子在嬰兒時期對於去海灘沒有太大的興趣，他不喜歡沙子的質感，但是第二個兒子喜歡跑向沙堆，而且會剷起來放進嘴巴裡，如果我們沒有制止他的話。

清志一直是個很淡定的小孩，他非常愛聽音樂，我們覺得他應該會成為一個搖滾明星或是嚴肅的作曲家。他已經會對陌生人熱情分享關於他搜集黑膠音樂的故事了。德揚則是比較好動，他應該會成為我們的專業滑板手或是跳傘運動員。不准笑，佳苗跟我一起跳過傘，而且在認識我之前，她也一個人跳過！

德揚遺傳了我們的冒險基因，他才開始學會走路，我們的視線就已經完全不能離開他。讓他自由走個幾秒鐘，他的手就會摸進馬桶裡，或者試著要到外面去。在沒有辦法開門逃離我們的時候，他還會抱怨。

我曾經覺得我的父親對我保護過頭了。但現在我變得更加保護我的兒子們。如果可以把他們綁在身邊一整天，我一定會這麼做！

我曾讀到過這說法，第二個小孩會從第一個身上學習，他們通常會更早跨入走路與說話的新里程。這似乎是真的。我錯過了清志的第一步，因為他剛學會走路那時候，我正在工作的旅途中。所以當德揚在地上翻滾到我身邊，把他的小手放在我的胸膛上，第一次靠自己站起來的時候，我非常感激和深深感動。當下就算他跳起勝利之舞我也不會驚訝，他看起來對自己非常地自豪。

他來到這世界上，讓我生命中的愛倍增，而且也更加堅定了我要成為好的基督徒、丈夫和父親的決心。我馬上體認到，與一個孩子比起來，兩個孩子似乎增加了十倍以上的負荷量。

因為已經經歷過嬰兒的這個時期，在某些方面，我們有了較充足的準備，減少了一些壓力。儘管在照顧兩個男孩上面，佳苗實質上承擔了較多的擔子，但我仍受到這個事實衝擊。

我們會開玩笑說，我老婆「只能」同時做十件或十二件事。她似乎擁有媽媽的超人力量，她感受得到每一個需要，聽得見每一次哭泣，而且當其中任何一個滾下來或是製造災難的時候，她隨時隨地都可以衝去救援。做這所有事情的時候她能夠保持冷靜，並且掌控一切，從來沒有抱怨。

但是在愛斯梅拉達返回達拉斯之後，我可以看得出，佳苗應付兩個男孩和所有家事，已經快要吃不消，更別說她還有一個非常不讓人省心的丈夫。我跟她說，這情況就好像她手裡總是抱著一個嬰兒，然後屋裡還有兩隻到處跑的猴子——清志和我，令我開始擔心，因為我想要減輕她的負擔，而不是增加。

孩子會帶領我

佳苗第一次懷孕的時候，記得當時我還在想，終於可以負責教育我自己的孩子基督的價值，同時成為他的屬靈引導了。那時候完全沒預料到，其實孩子會教導我這麼多，關於我自己。身為父母，我們很快會面對自己的軟弱和失敗。非常感恩能成為一名父親，我從來不曾這麼謙卑過。我覺得這也是上帝的計畫之一。

我整個童年還有大部分青少年時期，都在向上帝禱告給我手與腳。但當佳苗進入我的生命之後，我幾乎不再去想四肢的欠缺了。看到她無視我的殘缺仍如此愛我時，我比以前都還要接受我自己。

我心想，如果一個如此美麗與貼心的女人，可以愛沒有四肢的我，為什麼還要把這件好事弄糟呢？我仍舊留了一雙鞋子在我的衣櫃裡，以防上帝決定賜給我一個奇蹟，但擁有一個這麼棒的女人的愛，比任何事都更能讓我安心。

可是自從德揚出生後，我感覺到那些覺得自己能力不足，曾經沈澱下來的心思，再次被攪動。我曾經想要擁有四肢，讓自己可以變得更獨立，更能融入大部分人群裡。現在則是因為，我真的很想能更多參與孩子們的生活。就如同這本書的書名，我真的覺得身為一個基督福音的傳道人，我可以在世界各地成為上帝的手與腳。所以身為一個父親，我也想要在家裡做到這件事。

我想要在孩子們面前，成為上帝與信仰的代表。我想要盡可能成為一個能親手照顧孩子的父親。在德揚一歲期間，我時常感受到，在幫助老婆這件事上，我做得不夠多。當孩子們的媽媽正在忙的時候，大部分的父親可以接手抱嬰兒，或是追上一個正在奔跑的幼兒。我想要做到這一切，但缺少可以抱起他們和跟著他們的四肢。

在我還是單身漢的時候，我已經完全適應，可以靠自己做到大部分的事。同時我也有同住的看護，可以幫我做一些其他的事。結婚之後，佳苗與我決定不要請住家看護，因為這會減少我們的隱私。當我需要協助的時候，我老婆隨時會來幫忙，而且她非常有愛心與支持我。對於要求她幫助太多這一點，我漸漸拋在腦後，一直到清志出生，有腸絞痛之後。

這是我首次對身為父親感到羞愧。我以為我幾乎可以處理所有一切，但很多晚上他痛苦的尖叫聲都讓我超想爬牆逃走。佳苗比我堅強許多，她非常有愛與無私，這讓我感到慚愧。

在清志生病期間，我們犯了一個新手爸媽的錯誤，就是把他抱到我們床上來安撫他，後來他開始習慣跟我們一起睡覺，這不是一件好事。只要我們把他放回自己床上，他就會不停哭啊哭，一整晚我們都沒辦法使他入睡。

佳苗從來沒有抱怨過，但我們兩個都因為缺乏睡眠而像喪屍一樣。我覺得很愧疚，因為當清志一直鬧著想要被抱的時候，我卻沒有辦法幫忙佳苗減輕負擔。後來我們做了一個揹帶，讓我可以綁在肩膀上來背著他，可是佳苗仍須將他放進揹帶裡，而我也沒辦法像他媽媽一樣，使他安靜下來，或者幫他換尿布和洗澡。

我必須承認我對於嬰兒的哭泣忍受度很低，尤其是自己的嬰兒。他的哭聲讓我抓狂，因為我沒辦法抱起焦慮不安的孩子來安撫他，最後只能退到一個很遙遠的角落來避免聽到他的哭聲。我因此非常擔心自己是一個很壞的父親。

我們最終成功訓練清志睡在自己的床上。正當我們以為可以好好補眠時，德揚就到來了，而且帶來新的挑戰。我發現佳苗沒辦法來幫助我的時候，多半都是因為她必須轉移注意力去照顧我們的兒子，她正在滿足他們的需要。

我很想成為那個能幫忙收拾桌子、把剩菜放進冰箱、出去倒垃圾、跟在孩子後面收拾、帶他們去游泳的父親，可是有太多事情我都無法接手。佳苗承受著很大部分的養育擔子。除此之外，我們幾乎沒有足夠的時間相處，專注在彼此的身上。

所以我們想了一些方法來減輕她的負擔，也給我們更多能單獨相處的時間。我們請了一位清潔工和一位保母，接著才開始有固定的約會時間，來維持我們的關係與友誼的深度。

但我必須得承認，那些約會原本應該是在很浪漫的場合，凝視著彼此的眼睛並且訴說愛意，但最後卻都變成晚餐加電影之夜。我們一直說：「下一次好了。現在就先吃個晚餐聊聊天」，然後就會剛好看到一部很棒的電影出現，決定去看。我保證我們會在這方面繼續努力。

我慢慢發現，成為一個丈夫與父親之後，我的生命更需要上帝。我在想要更有力量的地方，卻開始看見更多的軟弱。我需要更多的耐心、同理心與活力，以及，是的，更多的睡眠！大部分時候我需要更多上帝的支持。我的確感受到了更多的壓力，一方面要供應家庭的所有需要，一方面又要在上帝的呼召裡作服事，鼓舞和給予他人希望，並且盡我所能帶領越多越好的人進入基督裡。

在我還是單身的時候，結婚的人告訴我婚姻真的不容易，我實在不了解其中的意思。那時候我認為身為單身漢很不容易，能擁有一個充滿愛的妻子真的像是天堂！說實話，這真的是我現在大部分時候的感受，對於能有老婆有家庭；我很愛已婚的感覺，而且非常感恩有兩個健康的兒子。即便如此，我確實領會到，在婚姻與孩子當中，最需要磨練的就是，要記得彼此感恩，並且盡一切所能來維持彼此之間的浪漫。

這裡面的挑戰就是，你會被困在日復一日為人父母與成年人的責任需求裡。這當中有超多事情要做，還有超多時間上的要求。你對許多的要求，可能很容易就變成直接反應，一直到一天結束你筋疲力盡的時候。

你無法只是敷衍了事，把你們之間的關係視為理所當然。在婚姻中怨恨會很快速累積，在家庭中也一樣。身為父母和夫妻，我們一定要讓溝通管道保持暢通，而且一定要把信仰擺在生命的最前線。

找到平衡

因為欠缺四肢的緣故，我每一天的生活會比一般常人複雜許多。這是我一直需要面對的。大部分時候我都已經習慣了，但是當我們的兒子逐漸長大時，我卻越來越痛恨這件事。我肯定需要在這上面得到上帝的幫助。

如同許多其他的父母一樣，我也有工作。我需要同時經營我的非營利組織「沒有四肢的人生」——管理我的基督教外展工作；以及我的勵志事業「態度決定高度」（Attitude Is Altitude）——管控我的企業與教育性演講預約。

透過這兩個實體，我們一直都在朝新的方向努力。為了能接觸到更大的觀眾群，帶來更大的衝擊影響力，尤其現在有了家庭，我開始對社群媒體與線上直播的科技產生興趣，讓我可以不必頻繁長途旅行，或是去離我的家人太遠的地方。

歡迎登上「胡哲巴士」

有一樁喜事，讓我們略微費了點勁，就是「胡哲巴士」（VujiBus）——我們「新」的老舊露營車。因為開始有點擔心不斷增加的機票花費，佳苗與我討論了很久，在工作與度假時，該如何找到個全家能一起出動卻不會破產的方式。如果要帶上我最好又最容易使用的那個輪椅，同時不想托運的話，我必須提前為此預定機位；假如再加上我的看護，這又是另外一張來回機票。所以如果我的交通方式是坐飛機的話，經常一次要付上六張來回機票。

我們不斷在斟酌的一個想法是，買一輛夠大的露營車，可以載我們出遊，甚至作工作交通之用。這是在二〇一五年那次巡迴中，由當時租借的露營車得來的啟發。在這趟旅程中，我們十天內去了九個國家，大部分時候都是乘坐這種巨大的巴士，裡面又寬敞又舒適。

我們以為這會是一種比較不那麼昂貴複雜的交通方式，可以讓我帶著佳苗和兩個孩子一起去工作或旅遊。我無法開車，但我們想可以讓我的看護來開，這樣子佳苗跟我就可以和孩子們一起。後來我上網搜尋二手露營車，發現大部分都在我的預算之外。

就在我快要放棄的時候，有個朋友告訴我，有人正要賣一輛一九九五年的露營車。車子被保養得很好，只開了七萬里，車上有許多華麗的點綴，而且他的要價大概是我在別處看到的幾乎一半。

這輛有輪子的「行動渡假村」，他給了我超多優惠。為了測試車的性能，我們作了幾趟短程旅行，到聖芭芭拉和范朵拉。我們在太平洋沿岸發現了幾個露營車能停靠的很棒的公園。那裡有很美的風景，和在高檔奢華旅館裡能看到的一樣。

到目前為止我們最遠的旅程是去科羅拉多的山裡，去探望住在小木屋裡的一些朋友。利用露營車旅遊時，你可以享受沿途的風景。在這趟旅途中我們還停靠了猶他州，那裡有超美的自然景觀可以探索。

雖然機油其實不便宜，但我們至少省下了機票錢、旅館住宿費，甚至包括餐廳外食的費用，因為我們可以自己帶食物或是營火烹煮。這就像是一個渡假式公寓結合辦公室，因為在孩子們睡覺的時候，我同時也可以工作。

雙重使命

我向神禱告祈求生活中的平衡，因為我想要服事家人和我在天上的父。我的使命與服事永遠都不會變，我會倚靠上帝的智慧，把握任何機會來分享我信仰的見證，以及上帝如何改變我和更多其他無數生命的故事。

我同時也鼓勵了上百萬人成為勵志演講者，這也使我有機會招募更多基督的軍隊。在服事主的頭十年，我到世界各地允許我分享耶穌信仰的地方，觸及到了大約六億人。

在過去的十年裡，觀眾的數量成長了兩倍。透過各種平台，包括演講影片、網路直播、播客（Podcast）、直播活動、社群媒體，還有電視曝光等，我接觸到了大約十二億人。

我仍然是地上的父和在天上的父的極具企圖心的兒子。我的目標是透過我在上帝裡的信仰見證，觸及七十億人。是，這是一個很瘋狂的目標，但藉由社群媒體的力量，與直播和其他全國性媒體的機會，我們希望能持續維持每十年兩倍成長的普及率。

這些年來，我這個雖小卻有決心的團隊，常常要更為努力打拼，而且還要不斷完善我們的策略。我們仍然有遠大的目標，但同時也要更有智慧地善用資源。

當然，時間是所有決策的關鍵性因素。我父親被診斷出癌症的這件事提醒了我，每一天都是一個恩典。今天可能就是我們的最後一次機會，做出點改變，分享良善好意，去擁抱你所愛的人或是陌生人，或是作一個感恩禱告。

我試著在還沒有解決衝突或爭執之前，不上床睡覺，尤其是跟我的太太，因為很有可能就再也沒有機會跟她說我愛她，並且求得她原諒了。如果沒有辦法在熄燈之前解決問題，我們會找到一個方式，隔天一早起來就解決。我想要有平安的心說晚安，所以隔天我可以帶著喜樂的心起床，努力地成為一個更好的丈夫與父親，最終，成為上帝的僕人。

穩住一切

同時進行這麼多事情，有時候我也會感覺不堪負荷。我知道我需要一點休息來平衡健康，但總是有許多待完成的事項，和突如其來的緊急事務，時常佔掉我一大部分時間。即便在應該放鬆休息的時候，我總是會思考還有什麼事情需要完成。

工作的事會使我分心，即便跟家人在一起，仍舊會佔據我跟家人相處的時間。我應該身心靈體都與他們在一起，但我的心思時常會飄走，變得不投入。當這件事發生的時候，孩子們與佳苗都會發現，而我也會感到非常抱歉。我需要在這個時刻身心靈體都陪伴著他們。

如同經文告訴我們的，我們的兒女是耶和華所賜的產業，所以身為他們的老師、基督生活的榜樣，我們必須陪伴在他們身邊，透過信仰和祂的誡命來引導他們。我向神祈求祂的引導。我需要祂的幫助，以便盡可能成為孩子們最好的父親，還有我太太的丈夫。

我想要透過我的信仰啟發他們，並且有一天帶領他們進入天國的永恆生命。我現在正在我人生的黃金時期，目前看起來似乎是非常忙碌的旺季。很感恩能擁有所有的祝福與機會，而且我真心覺得，身為一個丈夫、父親、兒子與屬靈的引導，只要倚靠著上帝，我能完成的事情是沒有限制的。

非常感謝，「沒有四肢的人生」進入更加穩定的新的一季。因為刻意進行的系統平衡，

「沒有四肢的人生」現正在執行許多計畫，還有長期策略。這也給了我在家裡甚至旅途中，一個穩定度上的嶄新高度。

我知道我的孩子們會真心理解這所有為了國度而做的奉獻犧牲。我心裡最大的渴望就是，透過我對他們媽媽的愛，讓他們看見我有多愛他們。我們盡己所能，試著在找到教導經文，與在行動裡活出經文之間達成平衡。我們想要他們看見我們與上帝間真實的愛，以及身為丈夫妻子，對於彼此無條件的愛。我們想要成為一個紮根在上帝的信仰與應許裡的家庭。

聖經裡有關基督徒榜樣應如何為人父母的教導

- 兒女是耶和華所賜的產業，所懷的胎是祂所給的賞賜。——詩篇 127:3
- 教養孩童，使他走當行的道，就是到老他也不偏離。——箴言 22:6
- 你們做父親的，不要惹兒女的氣，只要照著主的教訓和警戒養育他們。——以弗所書 6:4
- 我今日所吩咐你的話都要記在心上，也要殷勤教訓你的兒女。無論你坐在家裡、行在路上，躺下、起來，都要談論。——申命記 6:6-7

4 甜美的果子
Delicious Fruit

因為我說了許多關於我的信仰，與上帝如何引導我走過人生挑戰的故事，很多人也因此經常跟我分享他們自己的故事。他們的故事幫助我記得，我的殘缺和他們所承受的重擔相比，根本就沒什麼。

澤維爾・斯文森（Xayvier Swenson）的信仰之旅，絕對是我聽過最啟發人心的其中一個故事。唯有擁有這麼強大屬靈力量的人，才能撐過他所承受的一切重複虐待與折磨。

進入不惑之年的澤維爾，身上仍留著許多傷痕，而且仍舊面對著身心靈的一些挑戰。但即便經歷了這一切，他對上帝的愛與信仰成長的熱忱，令人驚嘆。在二〇一六年，有位我們共同的朋友把我介紹給澤維爾。當時我馬上就感受到，他是一個很獨特的人。一個很有魅力而且很投入對談的人，同時很明顯地也是一個明白什麼是困苦的人。

當澤維爾跟我說，他也覺得我是這樣的人的時候，我很驚訝。事實上，有一度他曾脫口說出：「你跟我很像耶！只是缺了手腳而已！」我相信他的意思是，即使面對許多艱難的挑戰，我們都透過信仰的成長而堅持走過這一切。即便如此，我必須得說，澤維爾是我認識的眾多基督徒當中，幾位啟發了我，也讓我謙卑下來的人之一。因為他們必須克服的障礙，遠比我所要面對的任何事情都大。

我時常說到，對於一個孩子來說，在缺乏愛的家庭裡面長大，大概是他所面臨到的最大困難。澤維爾從來都不知道他的父親是誰。在出生後沒多久，他那濫用藥物的媽媽就失去了他的撫養權。童年時他媽媽曾短暫探望過他兩次。之所以會說短暫，也是因為他媽媽在毒品使用上的狀況。

經過十二年失聯後，媽媽在澤維爾十八歲時聯絡上他，向他求助。她無家可歸而且有自殺傾向。澤維爾為她找了一間公寓，然後在他外出買菜時，他媽媽卻又注射海洛因，因為用藥過量而休克，澤維爾趕緊打電話叫救護車。「這是我最後一次看到她。」他說。

在他童年的時候，曾寄住超過三十家寄養家庭與教養院，大部分都在北加州。「我搬了好多次家，多到甚至有時候才剛搬往一個新家，隔天晚上就又要到不同地方，睡在下一個家中。」澤維爾回想。

澤維爾說，在寄養體系裡的那幾年，他遭受過無法言喻的身體與性上面的虐待。他曾經被鎖在衣櫃裡，被毆打、燒傷、性騷擾。他童年時期大部分都是在害怕被攻擊的恐懼裡度過，傷害有時候是來自那些本該成為他監護人與保護人的身上。

在青少年時期，澤維爾販賣過毒品和參加過幫派。他後來還為了逃避進監獄，不得已只好去當兵。他在美國九一一恐怖攻擊的前三個月，受徵召入了美國陸軍部隊。在接受傘兵受訓預備跳傘的時候，他被前面一個準備從飛機上跳傘卻跌跤的士兵給絆倒。澤維爾當時踉蹌了一下，在跌出飛機時，頭部重重撞到飛機側壁。他說當時在向陸地墜落的時候，他是完全昏迷的。「不知怎麼著，我的傘就這樣開了。如果沒有的話，我應該會啪的一聲到達地面吧。」他回憶著。但即使傘打開了，澤維爾還是重跌著陸，他的脊椎、臀部，還有頭部都受了重傷。再加上後來在伊拉克的傷，使他往後都必須依靠止痛藥過日。在長達四年半的服役之後，他退伍了。可是所有問題，舊傷還有藥物上癮，仍舊持續跟隨著他。最後他終於擺脫對止痛藥的依賴，雖然還是會有掙扎。在一連串修復身體的手術之後，他現在用輪椅代步。

大約四年前，澤維爾在走到人生最低谷時，曾試圖割腕自殺，但是被一個警察救了。這警察正好是一位基督徒，而且很有心想幫助受壓迫的人。他告訴澤維爾：「我可以在你裡面看見聖靈。」還說，上帝一定對他有更大的計畫，因為澤維爾在被發現時，幾乎已流光了全身的血液。

我是透過卡爾・蒙格（Karl Monger）認識澤維爾的。卡爾提倡保護退伍軍人，同時他是「奇襲計畫（Raider Project）」的創立者。「奇襲計畫」是一個非營利組織，為了幫助退伍軍人，順利轉換與回歸到一般平民生活而成立。澤維爾告訴我，他的夢想就是讓上帝在他身上的工作，透過聖靈，同樣也在其他人身上工作。

歷經所有試煉與苦難後，澤維爾仍舊堅守他的基督信仰。從小他就面對過許多的恐懼，但他記得，其中一個他待過最安全的地方，就是一個基督復臨安息日會（Seventh-day Adeventist）的寄養家庭，他們見證澤維爾受洗。「自從那時候開始，上帝一直不斷地看顧我的情緒和處境，讓我在一些根本不可能活下來的境況中活了下來。」他說。

澤維爾形容他的信仰就像是「種在我心裡的某樣東西，在我被屬靈的人圍繞的時候，它會加速讓我感覺到被提升與充滿活力。」他告訴我曾經也經歷過一段對上帝感到氣憤，還有想結束自己生命的時候，但他總是不知如何地繼續在信仰裡成長，走過這一切。他現在的夢想就是去幫助其他失去父母與人生引導的孩子，並且透過一個小型的服事團隊來輔導他們。

「我正在從頭做起，大部分的人不太會做這樣的事，除非上帝給了他們這個旨意。」澤維爾說。「我大部分的童年時期都在恐懼中度過。現在我想要幫助其他人，而且做給他們看，讓他們知道無論發生什麼事，都可以堅持到底。」

活出信仰需要在信仰裡行動

雅各書2:14-17說道：「我的弟兄們，若有人說自己有信心，卻沒有行為，有什麼益處呢？這信心能救他嗎？若是弟兄或是姐妹赤身露體，又缺了日用的飲食，你們中間有人對他們說『平平安安地去吧，願你們穿得暖、吃得飽』，卻不給他們身體所需用的，這有什麼益處呢？這樣，信心若沒有行為就是死的。」

澤維爾把他的信仰化成行動，來勝過這些原本會讓他憤怒與怨恨的挑戰。他承認自己經歷過這些黑暗時期，但他總是不斷選擇跟隨基督的光。對澤維爾與我們所有人來說，關鍵就在於要繼續在信仰裡成長，即便在遭受苦難的時刻裡。這個不只是需要禱告而已（當然禱告絕對是最必要的），同時也要有行動來建造你靈裡的力量。

不要被你的思想給朦騙了，好像只要跟別人說你是基督徒，就等同於活出基督徒的典型一樣。特別舉個例來說，不要在禮拜天的時候跟上帝說你愛祂，然後在一週的其他時間做傷害別人的事。其他人可以在你所做的事情裡看見你的信仰。他們看得見你在乎那些有需要的人，探訪那些孤獨的人，與沒有朋友的人做朋友，照顧生病的人，並且跟那些什麼都沒有的人分享你所擁有的一切。

上帝在我身上三個最大的祝福就是：我對祂的信仰（意思是我想要為祂而活，並且認識祂）、我的家人，以及最終，我的使命——也就是愛神而且愛人如己。重點永遠是愛，因此人們也就能知道，無論如何上帝都愛他們。

當你禱告想讓一個很糟的處境被翻轉，卻沒有發生的時候，你要知道上帝仍然愛你，祂會帶領你度過，祂會安慰你。你可能不見得明白到底發生了什麼事，為什麼會發生，或是怎麼樣才會變得更好，但你要相信，祂有一個計畫。

你要在信心裡面一步一步走，相信你所看不見的那些事。自己一個人無法做到，必須要禱告；我需要尋求上帝的安慰，我跟上帝求：「教導我三件事。教導我如何禱告，教導我如何感謝祢，教導我如何信靠祢。」

當你學會了如何禱告、如何感謝，以及如何信靠祂的時候，你說：「神啊，我不知道你今天要在我身上做什麼工，但我要選擇信靠祢。這對我來說很不容易，但求你今天幫助我。」這就是奇蹟：知道自己不是一個人，因為我有上帝無條件的愛。這同時也是知道上帝對我有一個計畫。祂甚至可以使用我生命中最糟糕的事，將它變成美善的。而往往這就是奇蹟發生的時候。

當暴風雨來的時候你也不在乎，因為神會給你翅膀，與你一起展翅在暴風之上。即便在暴風雨裡的雲沒有散去的時候，你仍舊可以扶持別人一起走過這場風雨，這也是一件很美的事。如果上帝沒有改變你的環境，祂會改變你的心，而且祂可以從你的破碎裡面，塑造出美好。我們愛神，透過遵循祂的誡命，透過做祂想要我們做的事，透過愛人如己（這是最棒的事）。你同時也要愛你自己，在你能愛人如己之前。你需要認識自己真正的價值。

即便你沒有手與腳，每一個來到上帝面前的人，都是祂——萬王之王、萬主之主——的兒女。你不需要手與腳來愛人如己。站在地獄的大門前，你也不需要手與腳來重新導引人潮。

如果不在信仰裡成長，你就會退縮

你可能沒有發現，對信仰渴慕的人會觀看與作筆記；你在面對人生最艱難的時刻時，是如何反應的？他們會觀察你如何愛與對待他人；他們會透過你如何管理自己，以及當艱難時刻來臨時，是否活出你所聲稱的樣子，來判斷你的真實性。

身為一個基督徒，活在現代的世界裡，這一生都需要不斷尋求上帝的智慧與供應，特別是處在掙扎與絕望的時候。在懷疑與質疑上帝的旨意多年後，我在青少年時期把我的生命交給了耶穌基督，接受祂成為我生命的盼望。我相信你必須要透過上帝的話來餵養你的靈魂，才能不斷地在信仰裡成長。這會更新我們的心思意念，而且會給我們勇氣來完成祂想要我們去做的事。

當你堅持不棄絕你屬靈的信仰時，就是在表明你愛上帝，而且想要服事祂。我們的肉體是很軟弱的。我們很容易分心。即便如此，我們每一天都需要花時間與神親近。祂不會幫我們打開聖經，但是祂想要我們每一天都讀祂的話語。

身為基督徒，下面是其中一個能夠使自己持續成長的方式。我知道我可以連續六天都讀同一章聖經，而且每一次都能學習與經歷到新的啟示與感動。上帝想要我們默想祂的經文，使我們能把祂所教導我們的，運用在每一天的生活裡。

在青少年時，我學到了九種特質——聖靈的果子——能幫助我們在信仰裡成長。使徒保羅在加拉太書 5:22-23 中，為聖靈的果子取了名字：「聖靈所結的果子，就是仁愛、喜樂、和平、忍耐、恩慈、良善、信實、溫柔、節制。」

我們當時被教導，當自己的行為受這些特質引導的時候，我們就能讓世界看見自己已經放下了自私的行為與罪惡的慾望。當我們的日常生活裡有「仁愛、喜樂、和平、忍耐、恩慈、良善、信實、溫柔、節制」這些印記的時候，就代表聖靈的工正運行在我們的身上，因為我們已經把我們的生命交給耶穌基督了。

少了上帝，你做不了任何美好的事。最美的一件事就是：因為神就是愛，所以擁有了神的愛，我也能愛。神給了我祂聖靈的果子，而且因為祂愛我的緣故，這一切都有了意義與目的。這九種果子是上帝神聖本質的一部分，乃是從祂的聖靈而來。**以下讓我們來看看每一種果子，並且學習如何應用在我們的人格特質與信仰的旅程上。**

聖靈的果子①：愛人如己

在我青少年時期，剛開始對教會青年團體演講的時候，經常講到聖靈的九種果子。我把它們融入演講內容裡，就如同我把它們融入我的生命一樣。舉例來說，當我開始告訴青少年觀眾，我無條件愛他們，就如同上帝愛他們一樣，所帶來的衝擊超越一切我所能預料。

女生、男生、老師、家長——無論是誰，全都眼眶泛著淚水。有些甚至直接哭出聲來，連壯碩的大男孩也一樣！在我演講結束後，他們會為了想和我擁抱而排隊。當青少年們熱情地想要擁抱我的時候，我總是非常驚喜與感恩。他們讓我發現，原來我們都多麼想要被愛與被珍惜。

許多人感受到心痛，是因為從來沒有人對他們說過，他們是被愛的。我的父母幾乎每一天都對我說他們愛我。我從來沒有發現那是一個多麼大的禮物，直到我告訴其他人同一句話之後；許多人說從來沒有人告訴過他們。他們非常感恩。

耶穌告訴我們，我們必須要先愛神，才能夠真的去愛彼此，這也是祂最大的誡命。透過讀聖經與照著神的話來生活，我們表現出對上帝的愛。這同時也代表著用慈愛與憐憫的心對待他人，即便是那些不喜歡我們和試著傷害我們的人。

我們可以透過幫助那些有需要的人，來表明我們對神與對彼此的愛。餵飽飢者與照顧生病的人，都是一些愛的主要行動。但即便只是願意敞開傾聽，或是花時間陪伴孤獨的人，也都是一種基督徒服事的行動。

聖靈的果子②：使你的喜樂滿溢

看著我的兒子們玩耍是我最大的樂趣之 。我曾經以為是父母教導孩子，但現在自己已經是一位父親，才明白了其實是我可以從他們身上學習到太多。他們讓我學到的其中最大一件事就是，我們生來就是內心充滿喜樂的。我在他們的玩樂裡，還有對彼此與媽媽表達的愛裡看見這點。當然，還有對我。我真幸運！

我們面對到的挑戰就是，當我們漸漸長大成人後，仍要維持那樣的喜樂在自己心裡。信仰就是能做到這件事的關鍵！事實上，我的信仰讓我能擁有不同層次的喜樂，這些都是我可能永遠不會有辦法經歷的，如果耶穌基督沒有成為我的救主的話。

我的父母原本預期在他們第一個孩子出生的時候，一定會非常喜樂，但我生下來就缺少四肢的結果，卻讓他們震驚。他們經歷了哀痛、恐懼、罪惡感，還有擔憂，而不是原本應該經歷的快樂。因為他們當時並不知道該如何扶養一個如此重度殘缺的孩子。

但當他們看見我喜樂的靈在成長過程中流露出來時，一開始的負面反應最後變得正面了一些。上帝沒有給我四肢，但祂漸漸澆灌給我一個無法停止的信心，就是——我能做一切的事。在我純真的心裡，我接受了生命給予我的樣子。我缺少手與腳，但我沒有缺少去擁抱機會和冒險的先天能力。

當然，我需要適應活在這個預設人人都有四肢的世界裡。但在家人的幫助之下，我超越了所有人的期待，勝過了我的種種限制。直到後來，進入青少年時期，我才開始意識到自己的缺乏，這「與眾不同」的身體，還有永遠都無法成為職業足球員，或是做許多其他正常事情的事實。

這些覺悟一開始確實澆熄了我內心的一些熱情，但是當我明白上帝創造我是為了啟發與給予他人希望的時候，我的喜樂很快就回來了。當我開始為了這個使命走遍全世界的時候，其中一個最棒的啟示就是，即便在世界最窮困、最迫切、最絕境的角落裡，仍然能有喜樂。

在孟買、非洲，還有其他許多地方，我看見小男孩小女孩們在孤兒院、貧民窟、村莊裡，開懷地笑著與跳著。他們讓我學到喜樂是從內心散發出來的；而對於基督徒來說，喜樂是從相信上帝，與相信在祂裡面的永恆生命而來的。

我相信那些跟隨耶穌的人，會找到一個深植在他們心裡的滿足，那是一種能讓你在夜裡安心入睡，知道即便身處極度動盪的處境中，你專注的對象仍是那一位永遠不改變而且不被搖動的神。我學習到，當我專注在耶穌與服事他人的時候，我的快樂是無法被消滅的。

如果你的心深陷在一些你無法掌控的事情與狀況裡，千萬不要被這些重擔給壓垮。反而，你要要求上帝恢復你的喜樂。當我們把耶穌放在我們生命中的首位時，沒有任何事是我們無法勝過的。尼希米說：「因靠耶和華而得的喜樂是你們的力量。」（尼希米記 8:10）

當我的人生處於低谷的時候（最近也經歷過許多次），我會回想起詩篇 64:10：「義人必因耶和華歡喜，並要投靠祂。」如果這個沒有使我提起精神來的話，我下一個步驟就是走出去，去啟動別人生命裡的喜樂。幫助別人提起精神，時常也會使我自己提起精神來。即使還在掙扎當中，但我知道我在信仰裡帶出了行動，而它最終會結出果子。

聖靈的果子③：使人和睦的人有福了

在我人生最近的挑戰裡，我被提醒到：真正的平安，是與耶穌基督有一個實質的關係。唯有祂能保護和引導你走過最壞的時刻。唯有透過上帝，你才能擁有永久的平安。經文告訴我們「因祂使我們和睦」。（出自以弗所書2:14。編按：聖經英文譯本「和睦」與「平安」，原文同為peace。）

耶穌在上十字架前也說了同樣的話，祂告訴祂的跟隨者說：「我將這些事告訴你們，是要叫你們在我裡面有平安。在世上你們有苦難，但你們可以放心，我已經勝了世界。」（約翰福音16:33）

我的靈裡一直沒有平安，直到我讓上帝住進我的心裡。要持守並且隨時都能支取這個平安，需要透過每一天的禱告，使我可以持續在信仰裡成長，而且成為基督徒的榜樣來服事人。上帝的平安——亦即知道祂一直都在保守著我們；知道我可以支取祂的力量；知道在天堂裡有永恆的生命等待著我——常常是使我能走過黑暗與絕望時刻的唯一信念。

在我的播客頻道Peace裡，我提起過有一首我最喜歡的讚美詩歌，「我心靈得安寧（It Is Well with My Soul）」。這首詩歌是一九七三年，由何芮蕭‧斯巴弗（Horatio Spafford）的律師所寫的。他的四個女兒在一次橫越大西洋的船難中全部喪生。這首歌詞其實是他在前往英國，預備領回女兒們遺體的航行中寫下的。這是我能想像的其中一個最傷心的事了。即便如此，斯巴弗依舊能夠在他的信仰裡找到平安，如同他在詩歌裡所寫：

有時享平安，如江河又平穩

When peace like a river, attendeth my way,

有時憂傷來似浪
When sorrows like sea billows roll;
不論何環境，主已教導我說
Whatever my lot, thou hast taught me to say,
我心靈得安寧，得安寧。
It is well, it is well, with my soul.

每當我經歷一些讓我的世界動盪的事，需要平安的時候，我就會想到這句話：「我心靈得安寧」，然後我就會馬上感受到平安。這些話使我想起，因為我認識耶穌，祂的靈住在我的心裡，而祂的平安是我能支取的。我鼓勵你記得這句話，當你的生命裡需要平安的時候。

聖靈的果子④：忍耐會結出果子

佳苗從小到大都跟父親一起工作。她父親之前在苗圃與園林改造產業裡服務，後來為了能有更多時間陪伴家人，轉到養殖漁業裡創業。所以我們第一個孩子的名字，就是為了紀念她已故的父親清志而取的。身為農業專家的他，因為工作而來到墨西哥，遇見了佳苗的母親，愛斯梅拉達。當時她在一間日本人開的苗圃擔任秘書。

我的太太後來血液裡也留著園藝技能的ＤＮＡ。她真的是個園藝高手（豎起兩隻大拇指）！她在我們家後院建起一整座小型山坡花園，現在仍不斷在照顧著。她種植了各式各樣的花卉、植物，還有各種品種的蔬菜水果。我很佩服與驚嘆她在花園裡的耐心。她埋下許多種子，每日為它們澆水，等待太陽滋養，最終將它們從土壤裡帶出來。

她的花園提醒了我，當我種下信仰的種子，並且等待它們成長的時候，必須對我所做的這些工有耐心。我禱告這些種子，在看過我演講與影片後，會在世界各地上百萬人的心裡得到培育。

我不是天生有太多耐心的人，但自從成為一個丈夫與父親後，我絕對需要擁有這個能力。在我們第一個兒子出生時，我的老朋友告訴我：「現在你要加快腳步學習有耐心了！」他是在開玩笑但同時也在說真話。我單身了很久，而且在清志出生前，佳苗與我才剛剛結婚一年。擁有一個孩子很快會使你學到，原來世界並不是圍繞著你與太太而轉的。所有的一切都圍繞在孩子與他的需要之上。

這是一堂非常寶貴的課程，因為我們都不是生來就很有耐心的人。其實我們需要某種程度上的成熟度來接受，有時候個人的自私需求並不在這世界所考量的優先順序裡。面對這個事實，我跟大部分的人一樣會掙扎。我們的耐心每一天都會被考驗，無論是在星巴克排隊買咖啡，塞在交通阻塞的車陣裡，還是等待水煮開或是油漆全乾。

上帝告訴我們愛是恆久忍耐。如果我們這一生都不斷在練習擴充耐心，我們會有許多獲益，包括減輕身體壓力，還有改善人際關係。我們也會變得更像神，因為祂對我們的耐心是沒有界限的。使徒保羅說：「主所應許的尚未成就，有人以為祂是耽延，其實不是耽延，乃是寬容你們，不願有一人沉淪，乃願人人都悔改。」（彼得後書 3:9）

上帝在延遲地上世界末日來臨的時間，因為當那一日來臨時，祂不想要錯過任何人。祂在給每一個人空間與時間，來接受耶穌基督成為他們生命的救主與君王。所以下一次當你反應過度或是因為失去耐心而失控的時候，記得，上帝對你是很有耐心的，祂在等待你成為最好的基督徒。

我會為自己身為基督徒在耐心上頭的成長，以及身為一個想要引導更多靈魂進入天堂的人而來禱告。耶穌用撒種的比喻告訴我們：「那落在好土裡的，就是人聽了道，持守在誠實善良的心裡，並且忍耐著結實。」（路加福音 8:15）

耐心是一份上帝的禮物，同時也是一種美德。我們要安心地相信，上帝對每件事的時間點安排都是完美的。我相信，當你把你的生命在神面前完全降伏，全然信任與有耐心的時候，你在途中會遇到另一個獎賞——上帝的力量。

雅各書 1:2-4 說道：「我的弟兄們，你們落在百般試煉中，都要以為大喜樂；因為知道你們的信心經過試驗，就生忍耐。但忍耐也當成功，使你們成全、完備、毫無缺欠。」我們都會面臨到許多試煉，但一想到上帝有許多我們看不見的驚奇計畫，就會很有幫助。

聖靈的果子⑤：愛是恆久忍耐又有恩慈

身為一個基督徒榜樣，我們要仁慈地對待他人。這是其中一個能服事與啟發他人，把自己的生命交給耶穌基督的最簡單的方式。經文上很清楚說到這點，譬如在以弗所書4:32：「並要以恩慈相待，存憐憫的心，彼此饒恕，正如神在基督裡饒恕了你們一樣。」

可悲的是，這世界上有很多像我朋友澤維爾這樣，在成長過程中並沒有感受到太多慈愛的人。我遇過太多青少年和成人，從小到大在充滿暴力的家中、孤兒院與街頭上長大。對我來說，那些生命中缺乏慈愛的人，比我缺乏四肢還承受著更多巨大的重擔。我無法想像在缺乏父母的愛之下長大的感覺。

那些從來沒有經歷過慈愛的人，也是最需要慈愛的人，但太多時候他們卻拒絕接受。他們被憤怒與傷害掌控與驅動，並且時常會變成霸凌、傷害，還有虐待別人的人。他們覺得自己沒有價值，所以他們對別人的生命也看不見價值。

身為基督徒，我們無論如何都應該愛他們。事實上，應該愛他們比愛其他人更多，因為他們極度需要我們的慈愛與理解。儘管他們充滿敵意，我們仍然應該愛他們。我們可以成為他們的奇蹟，可以讓他們看見，我們珍惜與重視他們，進而扭轉他們的生命。我們可以超越他們的處境，啟發他們放下自己的過去。

德蕾莎修女大概是最著名的傳教士，因著她擁抱貧窮與受壓制的人，並且在加爾各答的貧民窟裡，以慈愛與關懷的行為，帶領人們去愛耶穌。我們所有人都可以從她的典範中學習。你可以在任何地方都有影響力，在你的鄰居、學校和社區，尋找那些需要你慈愛的人，並且對他們仁慈與憐憫，如同上帝對待我們所有人一樣。

我看過這樣的愛運行在最窮困和殘酷的環境裡。在孟買我遇過許多性奴隸，見證他們對彼此的愛與憐憫。我看過他們如何回應人的慈愛，以及這些慈愛如何餵養他們乾渴的靈魂。

這就是上帝在做工的明證：看見那些從未感受過慈愛的人，向別人顯明慈愛。一個人如果從來都不知道愛是什麼，那他怎麼傳達愛給人看呢？我相信慈愛本來就存在每一個人的心中，但它需要被培養灌溉，以至於能被活出來。信仰也可以這樣做。事實上，要在信仰裡成長，我們必須操練對人的慈愛與憐憫之心。

上帝無條件地愛我們，即便我們有罪和不值得被愛。身為基督徒，我們需要讓其他人在我們身上看見上帝的愛與恩慈。對於那些仍在努力尋找通往耶穌基督這條道路的人，成為他們的榜樣，就是我們服事他們最好的方式之一。

我曾聽過有人誤把慈愛當成是一種軟弱的象徵。老實說，慈愛地對待那些看似不配得的人，需要很大的信仰力量與品格，同時也需要極大的謙卑。所以不要懼怕，跟隨耶穌的樣式，把愛與恩慈穿戴在身上，種下愛的種子，每一天給人一個擁抱或是微笑，你可能會帶出一個奇蹟式的轉變，把一個霸凌別人的人變成你的朋友，或是從你的朋友變成跟隨耶穌的人。

聖靈的果子⑥：我要顯我一切的良善，在你面前經過

在我的人生當中，曾經有過一段時間非常難以理解上帝的良善，而這已經不是秘密。我無法領會，為什麼一個慈愛與憐憫的造物主，會讓我沒有手沒有腳地來到這個世界。我的父母也承認，他們一開始也在這個問題上頭掙扎過。

我們所有人完全沒有想到，有一天會有幾百萬人來看我，並且覺得我是上帝在這地球上慈愛的證明。我並不是在說我有多特別，因為我跟任何人都一樣，只是缺少了某些部分而已。我能成為祂恩典的典範來服事人，完全是因為祂照著祂的心意使用我——把盼望與信心帶給其他人。

身為一個男孩，我無法理解為何一位良善的神，會允許我父母和我因為我的殘缺，經歷哀痛與艱難。我們都禱告著上帝會修復我，但是當時並不明白，在上帝的眼中，我從來就不是殘缺的。我是祂超完美的不完美創造，而且完全適合做祂的工作，在這個因著原罪而變得不完美的完美世界裡。

但問題的一部分來自於，我們往往會以為良善就是開心與喜樂。但上帝對於良善的定義，更大部分是——照著祂的誡命而活。我的父母曾經一直告訴我，我需要成為「一個良善的小男孩」。這一直是我的一個目標，但往往在我盡己所能做到最好時，總還是不足，即便現在

身為一個男人也是如此。事實上，對於一般人而言，真正的良善並不是這麼自然而然的。我們在各方面都是不完美的，包括在靈裡。我們都是罪人，每一天都在打這場仗。

我們需要聖靈在我們裡面，還有上帝的力量成為我們對抗罪的盾牌，不然我們都會很無助。詩篇 53 篇說道，沒有一個人能行善，我們沒有一個人能。真正的良善，是從我們與上帝的關係裡被帶出來的。如果你每一天每一夜都邀請祂來原諒你的罪，你就會持續的在信仰與祂的心意裡成長。祂會將祂在你身上的工作變為完美，而這就是良善的意思。

當我接受了這個曾經被我視為殘酷重擔，如今卻因此外形能吸引人靠近我，而變成一個祝福的時候，我開始在信仰裡成長了。我現在知道，我，事實上，是能照著祂的心意而服事，並不是失能的。如同詩篇說道：「他未嘗留下一樣好處，不給那些行動正直的人。」（詩篇 84:11）

是的，親近神是有益的！當我們走在信心裡，並且憑著信心而行時，我們就把 go（行）放在 disable（失能）前面，就會拼出「God is able（上帝能夠）」。以弗所書 3:20-21 說道：「神能照著運行在我們心裡的大力，充充足足地成就一切，超過我們所求所想的。」

聖靈的果子⑦：一個忠心良善的僕人

你和我能一直持有盼望，是因為我們敬拜的這一位，是良善又信實的在天上的父。上帝對我們永遠是信實的，但我們對祂的忠心呢？真正的忠心代表著任何時候，都走在上帝的道路裡，而不會迷路走失，或是被短暫的誘惑和分心的事拐走。

我們可能並不總覺得耶穌愛我們或上帝是良善的——特別是在艱難的時刻，或是遭遇重大挑戰的時候——但我們仍要保持忠心，因為我們知道上帝是良善的，而且把對我們最好的事都放在心上，即便當下可能我們不明白是什麼。我們不能在事情變糟的時候背棄神，或是在事情超順利的時候忘記向祂禱告。如果我們期待上帝無時無刻都要對我們信實，我們就不能做這些背棄祂的事。

我不覺得上帝會派遣我去世界各地對上百萬人說話，如果我對祂不忠心的話。上帝並沒有允許這件事照著我的時間表發生，只有在祂知道我已在祂的恩典裡預備好的時候，祂才會允許這些事發生。

在我成為一個「學會跑」的演講者之前，祂必須先確定我「學會走」。上帝差派我去對青年團體與中學生們演講，來預備我將來能面對大會場與大型教堂的演講。我們一步一步在信心裡行走，在能夠堅持下去的時候，上帝就會持續引導我們。

當事情沒有照著我們所想要的方式發生的時候，我們可能會覺得上帝不在我們身邊；如果祂沒有出手搭救我們，我們可能會覺得自己被上帝遺棄了。但就是在這些疑慮出現的時候，我們更需要在信仰裡成長，向祂作更多的禱告。我們必須記得腓立比書 4:19 說：「我的神必照祂榮耀的豐富，在基督耶穌裡使你們一切所需用的都充足。」

這裡並沒有說「一些」、「一點點」，或是「只有非常重要的」需要。上帝應許要來滿足我們「所有」的需求。祂知道我們什麼時候需要這些。祂永遠不會給得太早，也永遠不會給得太晚。祂永遠都在最剛好的時間出現，滿足到最剛好的需求。

我們不需要為今天或明天憂慮。我們可以把自己最深處的需求帶到上帝面前，並且相信祂會出手幫助我們。我們的目標也應該是在同樣的信心裡，為祂而做；而這個信心是在每一天的經營裡成長的，直到我們在天堂遇見祂的那一天。尋求上帝來幫助你在所有的關係裡忠心，並且感謝祂對你也是信實的。

忠心，是一個你被上帝的靈充滿的特徵。我的禱告就是，當我與祂面對面的時候，上帝會對我說：「好，你這又良善又忠心的僕人」。同時，我會為你禱告，希望你能經歷並且擁有祂的平安。所以你會記得「應當一無掛慮，只要凡事藉著禱告、祈求和感謝，將你們所要的告訴神。神所賜出人意外的平安，必在基督耶穌裡保守你們的心懷意念」（腓立比書 4:6-7）。你要知道這個平安是真的，在你沒有經歷神蹟時，祂仍舊可以使用你，成為一個神蹟。

聖靈的果子⑧：當叫眾人知道你們謙讓的心

謙讓在現今的世界裡已經太稀有了。而霸凌、無禮的魯莽，還有過度競爭，都變得太過普遍。在信仰中成長必需要有的溫柔果子，指的並不是一種社會恩惠，而更多是一種在壓力下還能保有恩慈的能力。

你有沒有看過有人用一句溫柔的話，就使批評的聲音安靜下來？耶穌說過：「我心裡柔和謙卑」。祂使用安靜的力量，來面對批評與想要捉拿祂的人，這是出了名的。耶穌的跟隨者，是被祂柔和的態度與安靜的力量給吸引的。審問祂的人都因著祂面對指控時沒有發脾氣而錯愕。即便在被拷打，快死在十字架上的時候，祂仍舊求上帝赦免折磨祂的人。

這種柔和謙讓的力量，在平凡人裡也是有用的。納爾遜・曼德拉（Nelson Mandela）透過柔和謙讓的態度，緩和那些迫害者對他的仇恨，進而贏得獄卒的尊敬，換回了自由，並且成為國家的元首。柔和謙讓是有力量的。它可以安撫與醫治我們生命當中的許多面向。

當我們選擇用柔和謙讓的方式面對，我們會在自己身邊創造出一個安全、沒有威脅的環境。當澤維爾告訴我他在 Lifesavers Wild Horse Rescue（拯救和馴養野生馬匹的組織）的經驗時，我想起了這個力量。這個組織提供了一個醫治的療程，給那些有「創傷後壓力症候群」的戰鬥退休軍人。

澤維爾在進入這個療程的時候，正好在經歷一段人生比較艱難的時期，他會把自己關閉起來，幾乎與所有人隔絕。當時他的心裡有很多苦毒與憤怒。但後來他在一個小馬圈裡與一匹小野馬相處時，覺得自己「某種開關被打開了」。

澤維爾直覺發現，如果他持續陷在憤怒與焦慮裡，這匹充滿敵意的野馬就不會對他有好的回應。所以他更深地進入自己的內心，挖開裡面那一座信仰的活水源，冷靜自己，並且開始用溫柔謙讓的心來面對這匹野馬。那匹馬立刻就被安撫下來，並且第一次沒有恐懼與敵意地靠近澤維爾。

在提摩太前書6:11，我們被鼓勵要「追求公義、敬虔、信心、愛心、忍耐、溫柔。」這就是如何能持續在信仰裡成長的方式。面對殘酷迫害與欺壓的方式，就是追求柔和謙讓；而最終，你也會吸引到柔和謙讓。要知道，如同耶穌所行的：「回答柔和使怒消退。」

聖靈的果子⑨：溫柔、節制

當澤維爾安靜他的靈，使那匹野馬柔和下來的時候，他在操練的就是節制；這也就是經文所說的：要成為一個能持續成長的基督徒，最後一個必須要有的果子。這是一個很必要的特質，但也是我們生下來卻沒有的。身為嬰孩，我們的生存意志主掌了一切，對於自己在食物與舒適感上的需求，因此是很自私的。我很愛我的兒子們，但在他們還是嬰孩的時候，如果能讓我與佳苗睡上一整晚，而不是一有任何需要就大哭的話，我們會更加感恩。

他們無法不哭泣，是因為他們還沒有學會節制。而令人遺憾的是，有些人似乎從來沒有學會過，他們無法控制自己最糟糕的衝動，無論是要超過所需的更多食物、毒品、酒精，或是其他虛假的快樂和癮頭等。

我們絕大部分的人，都會學習如何駕馭與控管自我毀滅性的衝動和需求，但這並不總是那麼容易。我們需要上帝的幫助。祂賜下了聖靈，住在我們裡面，並且給予我們力量來持續走在靈裡滿足的路上，而不是迷失在自我放縱當中。經文裡使徒保羅說道：「因為神賜給我們不是膽怯的心，乃是剛強、仁愛、謹守的心。」

節制的果子對於幫助我們避免掉入試探裡，是非常必要的；而且同時也能幫助我們足夠堅定地站立，與宣告我們的信仰，使其他人能夠找到天堂裡的永生。

5 跳脫框架與限制

Out of The Box

六年前我在加州一場禱告會裡，認識了一位朋友與他的看護，彼得和他的太太伊莎貝爾。他們的年齡跟我差不多，在開始成為寄養家庭父母時，他們才剛結婚滿三年。這已經是六年前的事了。從那個時候開始，他們陸陸續續在不同時期，扶養了十九個寄養孩子。在二〇一六年，他們認領了其中一個被他們撫養的孩子，納森。在那個時候，他才十八個月大。

透過這一對有愛心的夫婦與其他人，我學習到寄養家庭是基督徒可以實踐信仰，把更多上帝失喪的孩子帶回到祂國度裡，眾多方式的其中一種。我很敬佩我的朋友們，與所有那些擔任寄養和領養孩童父母的服事。他們的呼召與使命是很獨特的，真的是在做上帝的工作，而且在地上跟隨耶穌的道路，把信仰與盼望帶給那些孩子們。他們原本可能永遠不會知道，世上原來有如此安全與充滿愛的家，或是這位在天上的父。

一講到要分享我們的基督信仰時，大多數人就會想到要透過成為牧師、教會領袖、傳教士，或是自願分享見證的方式來服事主。但是在這個章節裡，我想要探索的是透過一些框架與限制之外的路，去分享與鼓勵基督信仰。很多人可能不會想到，但這些方式也許應該也要列入考量，因為它們也可以有很巨大的衝擊與影響力。我主要是想啟發各位，去開啟更多更棒的機會，來實踐與成長你的信仰。

藉由寄養照顧，能解救那些最有需要的孩子，拯救他們的生命。他們可能曾經被虐待、遺棄或是忽視。寄養照顧可能是基督信仰裡最高形式的服事的其中一種；因為寄養父母能幫助這些孩子，打破在世代間虐待與忽視的循環，在未來的幾十年裡讓世界變得更加美好。一個從絕望裡被拯救出來的孩子，可以在未來的世代裡，帶來幾百人甚至更多人的拯救。

《今日基督教》雜誌引用了一份報告，出自一個專注於信仰與文化研究的組織——巴納集團（Barna Group）。報告裡提到，有百分之三十一的基督徒，認真思考過要成為寄養父母，而非基督徒的百分比則有百分之十一。但在這些基督徒當中，只有百分之三的人真正成為寄養父母。該研究指出，許多考慮成為寄養或是領養父母的基督徒之所以會退縮，大多是因為害怕工作負擔太重、經濟壓力太大、有安全顧慮，或是會令人心碎等原因。[2]

彼得與伊莎貝爾對於自己的經歷非常坦誠。他們說成為寄養父母確實是件很辛苦的事，有時候當一個已經與他們產生連結的孩子，要被帶往下一個地方或是被領養的時候，真的會

2 參見潔米‧卡洛威-哈諾爾 Jamie Calloway-Hanauer 著，〈終結寄養父母的迷思〉。《今日基督教 *Christianity Today*》，二〇一四年六月。www .christianitytoday.com/women/2014/june/mythbusting-for-fost

很心痛。即便如此，他們仍舊認為，這對他們來說是一個完美的使命。他們也鼓勵其他年輕的基督徒夫妻，加入這個很特別的外展工作，敞開他們的心與他們的家。

他們是在最初考慮領養的時候，接觸到關於寄養父母的需求。在結婚幾年之後，伊莎貝爾很不幸地流產，後來再也無法懷孕。他們一開始是想要領養一對雙胞胎女孩，但領養過程並不順利；歷經了長達七個月的申請與核准過程，卻在最後一刻，孩子們的曾祖母介入並且認領了他們。

走過這次心情備受折磨的過程後，伊莎貝爾與彼得對認養變得非常小心謹慎。因為兩人都夢想過擁有許多的孩子，所以決定要試試看把寄養照顧作為他們第二個選擇，並且視為上帝給予他們的呼召。他們覺得，把這些孩子從被忽視與虐待的環境裡拯救出來，與他們分享聖經經文，同時給予一個充滿愛、支持與信仰的成長環境，就能夠做到神的工。

彼得與伊莎貝爾發現，大部分被寄養照顧的孩子們，都曾遭受過某種方面的虐待，而這些孩子們長大後，經常也會虐待他人和成為虐待孩子的父母，除非能在充滿愛的養育環境裡被供應，進而斷開被虐待的世代循環樣式。彼得與伊莎貝爾第一次照顧寄養孩子，面臨的是一個很大的挑戰，但這並沒有攔阻這兩位謙卑的僕人。事實上，他們更相信是上帝呼召他們去服事這個極大的需要。這些孩子是從兒童色情集團裡被拯救出來的。他們曾經遭受過最糟糕的虐待方式，並且有嚴重的情緒與心理問題。

他們現在家裡已有第四個寄養小孩，年齡分別是十八個月、六歲、九歲和十三歲。同時正嘗試著領養。目前寄養的孩子每一個都有一些狀況，都需要極大的愛、耐心與上帝的力量。

其中一個孩子，我們就叫他費絲。我的朋友接受寄養的時候，她才四歲大，之前一直與無家可歸的媽媽住在車裡或是街上。她當時有著超越年齡的強悍與剛硬。一抵達彼得與伊莎貝爾的家，就表明不想要跟他們同住，即使他們能提供一個更安全與舒適的環境給她。

彼得立刻發現，這個孩子正被魔鬼給折磨著，令人擔憂。在她與他們同住的第一個晚上，費絲就撞牆，然後在屋裡轉來轉去，邊嘔吐邊摳著自己皮膚上的痂。她像大人一樣咒罵著，說著很可怕的粗話。她拒絕任何試圖擁抱或安撫她的舉動，不斷抵抗和尖叫，直到讓她獨自一人為止。

彼得與伊莎貝爾為她禱告，求神帶給她平安。「無論她曾經接觸過什麼，那個經歷帶給她極大的創傷。」彼得說。費絲的崩潰是一個非常嚴重的問題。有一次因為她在車上很嚴重地抽搐，伊莎貝爾甚至需要把車靠路邊停下。另外一次狀況是發生在托兒所。費絲拿著一把剪刀威脅一位老師，在教室裡追著老師跑。校方後來被迫暫時關閉學校，打電話請警察來控制住費絲。

「她只知道暴力。這就是她溝通的方式，」彼得說，「要與她溝通或者幫助她，讓她感覺自己是被愛與被保護的，真的非常困難。在後來禱告時，上帝告訴我要愛她、擁抱她，讓她知道我很在乎她。伊莎貝爾和我必須一起幫助她，因為她從來沒有接觸過愛或是被關注過。」

經過幾個月之後，他們慢慢贏得這位充滿警戒和狂野的孩子的信任。他們需要上帝全部的力量，還有專業輔導員，以及專擅於挑釁性行為重大創傷孩童輔導的老師們的幫助。

「看見那個小女孩敞開自己，真的是一個很棒的祝福。」彼得說。

被神光照

當費絲接受了他們的愛和支持後，我的朋友把聖經分享給她。跟一開始對抗的狀態比起來，結果出乎意料地非常好。有一天晚上，當他們在後院裡烤肉的時候，費絲問她的寄養父親：「你想知道耶穌長什麼樣子嗎？」

「當然想，跟我說呀，寶貝。」他說。

「祂的眼睛光亮如太陽，如火裡的火焰，而且耶穌還穿著一件很美的男生連身袍，胸口上有一個緞帶。祂的臉非常地美。」她說。

「真的？」彼得問。

「父親，你還想要知道另外一件事嗎？」那孩子繼續說，「耶穌正站在我們後院這裡！」

「祂在哪裡？」彼得問。

「就在這裡！」那孩子指著一個地方說。

彼得的叉子掉到地上，充滿驚奇，然後他和太太與他們的寄養孩子，低聲做了一個禱告。

如果這個小女孩真的看見了耶穌，那就是一個神蹟。而即便沒有看到，在她的信仰之旅中，能在這麼短的時間裡跨越了這麼遠的這個事實，對她的寄養父母來說已經是很驚人的了。

彼得後來給的回報裡說，費絲將來還有一條很漫長艱難的路要走，因為在年紀漸長後，她會逐漸意識到自己幼年時期所承受的虐待和忽視。但感謝我的朋友，和他們為神而做的工，這個孩子現在心裡有耶穌與她同行。

「她開始唱著這首關於耶穌駕著雲與眾多天使再次降臨的歌，」彼得說。「我問了她週日主日學的老師是否有教這首歌曲，她說沒有。然後，她跟我說：『是耶穌教我唱的。』」

彼得相信費絲有一天將學會如何支取上帝的力量，因為信仰的種子現在已經種在她的心裡了。她甚至可能有一天，會再次回到媽媽與其他八個兄弟姊妹身邊。「我們當時還在想，費絲可能會永久寄養在我們這裡，但主在她媽媽身上動了工，使她戒了酒，恢復了行動能力。我們也時常為她禱告，定時與她碰面。所以就看看接下來會如何發展吧。」他說。

這個曾經詛咒寄養父母的情緒不穩定的孩子，現在稱她的寄養父親為「彼得父親」。他買了一條刻字的項鍊給她，上面寫著：「妳永遠都會是我和上帝的公主。」

費絲現在有了一個可以建造她的生命的基地，而這就是一對寄養父母所能給予的最大的禮物。

接觸與教導

成為寄養父母需要極大的耐心、同理心、體諒和信心，但是同時也是基督徒夫婦成為服事上帝的手與腳，最有意義與價值的方式之一。他們能把祂最有需要的孩子帶回祂的羊群中，並且幫助他們變成有責任感、生產力與信心充滿的成人，擁有得著天堂永生的機會。

許多在寄養照顧中的孩子，因為情緒與行為控管或是學習障礙的問題，從來沒有機會認識上帝。彼得與伊莎貝爾在早期，試著透過影片和照片來為他們上聖經課，但這些孩子們跟不上這些教學的工具與方式。最後他們想到一個方法，就是用人偶來演出聖經故事，比如大衛與歌利亞。這個方式看起來好像有些幫助。你真的會很佩服他們的耐心、創意與投入。

老實說，彼得故事裡提到的許多寄養父母遭遇的挑戰，真的很不容易消化；裡面包含了許多情緒上的痛苦與煎熬，以及寄養孩子過往所承受的一切。這對夫婦的夢想是，希望有一天能擁有一個農場，在那裡創造一個避難所，安頓那些被寄養與領養的孩子們，並且給予他們從未感受過的愛。在這個培育的環境裡，他們同時也可以籌畫教導和建立生命根基的課程，還有提供他們長大成人過程中所需要的屬靈引導。

彼得說：

「我最近告訴我那十三歲的孩子，我對他最大的希望就是，永遠持續不放開上帝的手。」

彼得與伊莎貝爾真的是很優秀的人。他們做出許多極大的犧牲，來行上帝在地上的工作。

服事一個不斷加增的需要

全國有超過四十二萬個孩子正在被寄養照顧中，而這裡面有許多孩子都非常需要永久的家。[3]有些孩子因為被虐待與忽視的過往背景，需要極大量的特別關注，而這也讓他們不太有機會找到永久安置的家。

國內目前越來越少的夫妻願意成為寄養父母，因此目前的寄養照顧趨勢，漸漸傾向於機構經營式的寄養之家。有許多孩子們帶有暴力與犯罪行為的背景，在一個緊密控管的環境裡，或許可能在短期內得到更好的照顧，但是長期來看，那些需要愛與憐憫的年輕人，都不覺得這裡是對他們健康與福利最有助益的地方。

我的朋友在自願報名成為寄養父母的時候，很清楚知道來到他們家寄養的孩子，可能會帶給他們許多挑戰。但是沒有預料到，其他父母和家族裡的一些親戚，還有社區鄰里，會對他們拯救這些失喪孩子的使命有意見。彼得和伊莎貝爾都是西班牙裔。他們說，身邊有些人會批評他們為什麼要寄養照顧非裔美國小孩，因為那些人覺得，他們應該要先幫助自己種族

3　關於紐約地區兒童權益，可參見網頁 www.museumofthebible.org and www.hobbylobby.com/about-us/our-story.

裡有需要的孩子。

「我們會持守上帝放在我們心裡的呼召，」彼得說，「上帝是那些沒有父親的孩子們的天父。」這些批評讓我們大開眼界，但並不會改變我們的立場，因為這些都是我們原本應該要做的事。

彼得與伊莎貝爾透過他們的投入與服事，試圖把青少年帶到耶穌基督面前。在法律上，他們不能要求寄養的孩子們去教會，或是迫使他們閱讀聖經，這些大家都能理解。我的朋友們與我都認同，比較好的方式就是透過成為他們的榜樣，單純地作他們的引導與輔導者，並且在神的恩典之下，打開那扇門，帶領他們進入更好的生活，甚至是在等待著他們的，永遠的喜樂。

撒下信仰的種子

這是在非常個人層面上做神的工作。彼得與伊莎貝爾的其中一位寄養孩子，是一位流落街頭的十三歲男孩。一開始他覺得，他們透過禱告、服事和去教會這些方式來展現信仰，超級怪異。

「在我們餵飽那些無家可歸的人時，他開口問：『你為什麼要在意這些人？』」彼得回想著。「他有很多問題想問，這是一件好事。我可以感受到他是真的想要了解，而不是只想打擊我們跟隨耶穌這條路的渴慕。」

這個青少年一開始的立場是，這些無家可歸的人只是一群遊民。彼得告訴他，身為基督徒，他們感受到自己被呼召，要來服事那些有需要的人，並且不去論斷他們為什麼會有需要。然後他告訴那孩子，耶穌用五餅二魚餵飽眾人的故事。彼得向他解釋，他們只是跟隨耶穌的榜樣，來餵飽這些飢餓的人。

「你可能覺得這不會改變什麼，但這裡面有些人已經有好幾天沒有吃上一頓飯，他們會永遠記得這個是基督徒的傢伙，在他們飢餓的時候來到身邊餵飽他們。」彼得這樣子告訴他的寄養兒子。

透過這些微妙的方式，彼得與伊莎貝爾撒下信仰的種子，並且向神禱告有一天祂會澆灌培養這些人，讓他們結出果子。

「主引導我要禱告，並且活出對上帝的信心，」彼得說，「分享是最重要的一個部分。」

恢復的旅程

正如彼得時常告訴我的，寄養照顧會很直接在現實的真實裡，考驗到屬靈的信仰。一個十二歲大，從賣淫集團裡被拯救出來的女孩，這樣一個失喪的靈魂，不是那麼容易能帶回到基督面前。但這裡我要再次說，對於基督徒的寄養父母而言，這也會讓最後的勝利變得更加有意義。

「這個女孩在被逼迫賣淫之後，就失去了盼望。但是歷經一年時間後，我們陪她一起走在這條恢復的旅程上，」彼得說。「主恢復了她原本該有的身分，她開始可以接受上帝。我們有一個親戚後來領養了她，所以還是能聽到她的消息。她現在過得很不錯，而且還會閱讀聖經和禱告。」

記得箴言 22:6 告訴我們：「教養孩童，使他走當行的道，就是到老他也不偏離。」我覺得這就是寄養父母可以給這些孩子們的禮物。而當他們能持續走在神的道路上的時候，這同時也回過頭來，成為他們回饋給寄養父母的禮物。「看到孩子們在逐漸穩定後被接回原生家庭，一直都是一件很令人開心的事。當我們看見他們跟著上帝，生命持續旺盛起來的時候，會覺得，這就是我們真心期望看見的。」彼得說。

這位極有愛心的人之所以能理解這些失喪孩子們的心態與需要，是因為在少年時期，他交往的一些朋友就是住在寄養之家。他們許多人在知道被父母拋棄，或是失去父母的監護之後，逃離了寄養之家。他親眼看見那些從來沒有擁有過永久的家的孩子們，最後不斷沉淪，耽溺於毒品、暴力和禁錮之中。

彼得的媽媽在他十三歲時拋棄了他，當時他幾乎沒有任何人監管。在還小的時候他曾經去過基督教教會，但中間有九年時間失去這些靈裡與道德的影響。他回想當時的教會，有些小男生們待在很好的寄養家庭裡，比起那些在寄養之家或流落街頭的孩子，他們快樂很多。

「我看見他們的不同，也接觸過他們的生活圈，」他說。「我記得在我很小的時候曾告訴我媽媽，有一天我想要擁有一棟房子，並且要跟許多需要更好生活的孩子們住在一起。」

寄養孩子們一旦開始適應家中環境，接受家裡的規則以及彼得、伊莎貝爾的愛與憐憫之後，他們通常就會開始珍惜家庭生活的每個日常。最近，其中一個寄養男孩問彼得，能不能一起家庭烤肉。這是一件很小的事情，但卻是這個男孩從來沒有經歷過的事。只是如此簡單微小的一個日常活動，所帶給他寄養兒子的喜樂，讓彼得再次確信他們真的是在做上帝的工作。「他只是想要一起家庭烤肉而已，而能為他完成這個心願，真的是一個很大的恩典。」彼得說。

即便如此，希望透過寄養父母的服事，來行上帝工作的夫妻們，可能仍會猶豫不決。寄養孩子們時常會被污名化，因為他們很多人都來自有問題的家庭背景。彼得時常從那些有可能成為寄養父母的人口中聽到，他們有點害怕面對生命充滿挑戰的孩子們，但是他會以耐心與愛心，還有主的幫助，來輔導他們，而神奇的轉變是會發生的。

「這是一個挑戰，非常具有意義，尤其是當一個孩子打開他的心的時候。一開始他們的行為會反映出之前的所有經歷，但透過時間，你會看見上帝放在他們裡面的一切。這些孩子們並沒有選擇要出生在吸毒者，或是關係糟糕的家庭裡。事實上，上帝對他們都有一個計畫，超越他們出生的境遇與成長環境。」

對於每一個寄養的孩子，彼得都會問上帝：「祢放在這個孩子裡面的是什麼？有什麼恩賜、禮物和潛力，是我可以去開發的？」而上帝也回覆了我許多次，透過顯露他們的恩賜和祂的計畫，使孩子們成長茁壯。「我們曾經看過他們隱藏的祝福被顯現出來，而這就是身為寄養父母的其中一項收穫。」彼得說。

一個重要的使命

彼得與伊莎貝爾被呼召成為寄養父母來服事主，是因為他們是一個很棒的兩人團隊。他們倆都有全職的工作，而伊莎貝爾的老闆允許她大部分時間可以在家裡工作。他們同時也擁有一個很大的支持團隊，其中包含了他們的朋友和家人。他們的呼召，是一個非常艱難但有極大回饋與獲得的重要服事。

在馬可福音 10:13-16 裡，當門徒責備那些帶孩子來見耶穌的父母時，耶穌阻止了他們。祂告訴祂的門徒：「讓小孩子到我這裡來，不要禁止他們，因為在神國的正是這樣的人。」（第十四節）

不是每個人都會被呼召成為領養父母，看著彼得與伊莎貝爾，我看到了上帝的榮耀被彰顯出來。他們不斷帶領孩子們來到祂面前，並且被信仰觸摸。他們的犧牲與勞力所結出的果子，非常能啟發人。他們傳道的使命，是我所能想到最重要的服事之一。

讓生命變得更好

我的朋友麥可・雷根（Michael Reagan），是寄養照顧和領養工作的另一個支持者。他在嬰兒時期就被兩個新婚的知名演員──珍・惠曼（Jane Wyman）和羅納德・雷根（Ronald Reagan）認養。（是的，就是那位曾經的美國總統。）在麥可三歲的時候，領養父母就宣告離婚，而他大部分童年時期都在寄宿學校與暑期營隊中度過，並不是很快樂，即便他的父母非常有錢和有名。

在他七歲的時候，曾遭受營隊輔導員性虐待，也因此讓他好多年都活在羞恥、情緒化和行為問題當中。幸運的是，他最終與一位信基督的女孩結婚了，而她也幫助麥可在歷經多年掙扎後，把自己的生命交給了耶穌基督。他後來當上了電台脫口秀的主持人和基督信仰演講者，同時成為一個守護貧窮、被忽視和被虐待兒童的人。

麥可・雷根成立的宣傳和研究中心（The Michael Reagan Center for Advocacy and Research），自從二〇〇五年開始，就跟一個代表貧困孩童和家庭工作的基督教團體──「艾睿孩童與家庭事工」（Arrow Child and Family Ministries）合作。他們的其中一個努力目標就是鼓勵基督教教會，在他們的會眾裡呼召更多寄養與領養父母，來服事這個需要。麥可說，美國目前有數十萬間基督教教會，如果許多人都加入這個計畫，最終可以解決或大幅緩解寄養照顧與寄養之家的需求。

麥可提到，使徒雅各也曾經呼召眾教會來做這件事：

在神我們的父面前，那清潔沒有玷汙的虔誠就是看顧在患難中的孤兒寡婦，並且保守自己不沾染世俗。（雅各書 1:27）

就我個人來說，我很愛這個想法！我完全支持所有教派教會和無教派教會共同攜手，放下彼此之間的差異，把信仰付諸行動。艾睿事工這名字，是取自聖經裡的段落。那段經文裡說到兒女是耶和華所賜的產業，並且「好像勇士手中的箭。」（編按：「箭」與「艾睿」的英文為同一個字，arrow。）他們必須被巧妙引導以及指引方向，來跟隨上帝給予他們的目標。

麥可和艾睿事工也與我分享，對於孩子們被人口販子傷害的憂慮。我在全世界飛來飛去的過程中，親眼看見不分年齡階段的孩子們，被迫與家人分開和被奴役，承受無比的恐懼與虐待。我看過他們被迫要在礦場、田地和血汗工廠裡做勞役。其他的則被武力份子綁架，並且被脅迫加入軍隊服役，否則就會被殺害。其他的孩子則被逼迫成為性奴隸，在世界各地被蹂躪。

我曾經有一次，對六五〇名從印度孟買妓院中被解救出來的青少女演講，其中有些少女手裡還抱著嬰孩。他們大部分都覺得沒有理由去盼望自己或是孩子們能有一個更好的生活。

他們無處可去，沒有任何人來引導、幫助他們創造更好的生活。同時他們也不認識上帝，無法在禱告中求神給他們力量。即便如此，我看過曾經是性奴隸的少女們接受幫助，並且在把自己生命交給耶穌之後，找到救贖與醫治。

我觀察了這些被救的年輕基督徒少女們的奇蹟，她們即便曾被奴役和被可怕地虐待，後來回到那些鞭打和虐待她們的皮條客與老鴇面前，仍然告訴他們：「我愛你，因為耶穌愛你，而且我願意饒恕你，因為耶穌也饒恕了我。」當他們表示出憐憫與給予引導的時候，人生的道路就完全改變了。

我很清楚知道，像我這樣一個生來重大殘疾的孩子，有很高可能性會落到寄養系統或是孤兒院裡面，那裡有許多掠奪者，可能會使我的人生變得很痛苦悲慘。所以我們這些生在充滿愛的基督徒家庭裡的人，要把握每次機會去分享與延伸我們的祝福，給那些比較不那麼幸運的人，特別是上帝的孩子們。

我無法想到比拯救這些無辜的孩子，修復他們的心靈，讓他們感受無條件的愛，和教導他們跟隨耶穌基督，還要更好的方式來服事我們的主。艾睿事工幫助許多教會，打造他們自己的寄養與領養父母的系列規劃課程，並且示範如何召募、訓練、支援與提供資源，給那些願意挺身而出的夫妻們，來拯救這一代與未來世代的孩子們。

提供避難所

我同時也支持著另外一個創新外展的組織。他們這群創立者的工作，就是要去拯救那些陷在性交易裡的年輕人。「盼望避難所」（Hope Refuge）是由一對前傳教士夫婦，鮑伯（Bob）與蜜雪兒・萊恩（Michelle Ryan）所創立的。許多年來，他們為加州的寄養孩童，以及處於危險處境的青少年們，經營了一個基督徒的避難營。

在二〇一三年，他們的多年老友與傳教士夥伴，莎莉（Sally）與恰克・庫克（Chuck Cook）加入了他們，一起創建了一個提供照顧與輔助的避難營。在那裡，被人口販賣的生存者，可以從被虐待、拋棄和忽視的創傷裡得到醫治。目前每年將近有三十萬美國青年，面臨被犯罪組織抓去交易的危機，但有太少場所能提供醫治與復原的環境，給這些從組織裡被救出來的人。根據庫克夫婦描述，這些生存者往往承受著極大的生理、心理與情緒上的創傷。

盼望避難所就是因著這個需要，而被創造出來的地方。它坐落在二一四英畝的寧靜森林和山丘上，俯瞰加州聖巴巴拉附近的太平洋。根據創立者們所述，對於那些受過創傷、需要地方安歇與修復的生存者們來說，他們需要作好準備迎接一個更好的未來，而這裡是一個很完美的天然環境。

「我們的盼望是，看見他們再次有自主權去思考未來。他們的夢想與獨一的潛力，可以被自我發覺以及與他人分享。」鮑伯•萊恩說。

他這個團隊主要是致力於，為這些青年人的生命提供照顧，因為他們都是來自於殘酷與缺乏關懷的背景。盼望避難所提供週末與一週的靜修，這裡有堪稱頭等的水療中心，由專業廚師烹製的餐點，和佈置精美的房間。而為了幫助之前遭受性交易的受害者放鬆，那裡也提供了一些活動，包括海邊之旅、游泳、泳池派對、衝浪課程、鋼索飛行、高繩遠足、皮拉提斯和烤肉等。許多治療課程裡也包括，在曾經發生灌木叢火災的地點上種植樹木。在那裡也有安靜的個人時光，可以讓來的人單純地回想、反思以及休息，讓他們可以重新展開修復與繼續前進。

開啟信仰的大門與建立信任，是這個避難營的目標。創立者們想要幫助那些受虐的青年人，開始意識到上帝的愛與力量，使他們的生命可以被轉化，進入一個新的階段。

這些青年人有許多覺得自己是被拋棄的，而且不配擁有愛。因為他們所經歷過的只有殘酷與虐待，所以對於任何人都缺乏信任，而且懷有戒心。這是一次可以幫助他們再次建立對人信任的機會，並且開始尋找他們生命的更大意義。

盼望避難所的創立者們也跟「拯救無辜」（Saving Innocence）組織合作。他們是一個在洛杉磯地區拯救孩童脫離性交易的組織，並且與執法單位和當地其他對抗人口販賣的組織合作。

敢於有遠大的夢想

我一直都在鼓勵基督徒們，要對自己的外展工作敢於夢想。有些人明白這一點，有些卻不明白。湯米（Tommy）與馬太・巴奈特（Mathew Barnett），不只明白「敢於夢想」的意義，他們可能還是我遇到過最大的基督徒夢想家。

我跟你們說，他們不只是大夢想家，也是大實踐家。有多少人能像他們一樣，購買一所廢棄的醫院校園，並且為了供應那些需要上帝的愛的人重建它，把它變成一個超級驚人的社區資源？雖然我認識與欽佩他們好多年了，但直到最近我才重新與這個父子團隊連結上，更對他們所實現的一切感到敬佩。他們啟發了我，而我也希望他們啟發更多其他人，能把他們的基督信仰付諸實踐，在如此龐大的規模之上。

在一九九四年，湯米與馬太創立洛杉磯夢想中心的時候，這還是一個家庭任務專案。一開始他們的教會，每週日平均大概只有四十八人，但是現在他們的事工每個月能接觸超過五萬人。

他們的夢想中心，前身是天使皇后醫院（Queen of Angels Hospital），座落在洛杉磯很荒涼的一個城市核心位置，距離比佛利山莊向西才約十五公里多，但已完全失去了昔日的浮華和光彩。他們的使命就是要拯救與修復那些曾經沈迷於毒癮、無家可歸和遭受虐待的人，包括遭人口販賣的受害者們。

湯米當時是一位資深牧師，隸屬亞利桑那的鳳凰城上帝第一集會（Arizona's Phoenix First Assembly of God）。在一九九六年，他的兒子馬太才二十多歲，剛開始在小型家庭使命教會擔任牧師工作。這個工作是為了那些無家可歸，以及在洛杉磯最危險的一些街區內，窮困潦倒的人們而設。

在中心創建的七年前，這個城市裡為最窮困居民服務的天使皇后醫院，被迫關閉並且內部大部分都被清空。而那個在一九二六年成立的「百葉窗醫療中心」，曾經是密西西比河以西最大的教學醫院。它位在洛杉磯絕望艾可公園社區的八畝地上，曾經拓展到有九棟建築。

在醫院關閉之後，整個地產在市場上的標價是一千萬美元。擁有者拒絕了幾個好萊塢娛樂集團的開價，最後以三九〇萬美元的價格，賣給了巴奈特，因為他們的願景是，希望將其轉變成一個心靈修復中心。今天，這個地產是「不眠不休的教會」（The Church that Never Sleeps）和一群全心全意投入的員工的家。

巴奈特後來募款和運用政府的補助，來轉化這個破舊的醫院與校園。他們一開始在每個樓層花了大概一百萬美金，翻新這棟十五層高的主要大樓，讓它重新恢復原貌。現在這些樓層服事著許多貧窮、困惑和受害的人。他們後來又投資了兩千五百萬美金，把九個樓層改造成住宿空間，提供給無家可歸的人居住。後來一筆五千萬美金的政府報稅輔助（實質大約一千五百萬美金），幫助他們完成了夢想中心的其餘空間規劃，其中包括戒毒、未婚媽媽，還有愛滋病受害者的系列療程。

他們真的在做上帝的工作，並且在地上跟隨耶穌的道路。這個夢想中心是一個充滿盼望與機會的地方，而且是一片可以收割靈魂、成熟莊稼的田地。湯米與馬太・巴奈特相信，他們必須找到有需要的人，並且滿足他們；找到受傷的靈魂，並且醫治他們。而在這整個過程當中，他們將這些靈魂帶到基督的面前。

我在他們的教會演講過，而且一直都很開心能探訪他們，看到他們如何透過很棒的方式來服事其他人。他們用上帝的愛來轉化其他人的生命，在那些人當下的階段處境裡遇見他們，並且服事有極度需要的人，讓這個世界看見我們基督信仰的力量。

賦予極大的權柄

就如同巴奈特他們所做的，基督信仰的外展也可以透過很多種方式，不一定要被包裝在既定的框架裡。我所看過的一些最有效的計劃，通常也都是最有創意的，而其中有一個例子，甚至是很極端的！

我的朋友布萊恩（Bryan）與敏蒂・史瓦茲（Mindy Schwarz），之前花了將近三十年的時間，擔任國家營隊的志工營總召，服事「盲人基督教點字服務」（Christian Record Services）。在二〇〇八年，他們創立了「極限行動營」（Xtreme Mobility Camps Inc.

XMO），提供盲人和視覺障礙青少年許多機會來體驗極限運動，並且賦予他們能力，在生理與心理上促使自己敢毫無限制地冒險，創造出更積極和充實的生命。

他們為視障的客人們提供了一個冬令營，這其中包含滑雪、雪板、越野滑雪、雪地機車、管上雪橇和乘坐雪橇等。他們也在科羅拉多州和加州舉辦了一些夏令營，提供衝浪、花式滑水、滑水、泳圈漂流、噴射划水和登山遠足等活動。

所有他們的營會活動，都圍繞在基督信仰的氛圍裡，但並不限制基督徒才能參加。史瓦茲一家說，他們親眼看過上帝奇妙的大能，改變那些營會參加者的生命，無論是拯救他們脫離對毒癮、酒精的沈迷，或是被邪靈附身。他們也發現，來參加營會的參與者和工作人員，當他們生理與心理完全投入在如此美麗的大自然環境裡時，對神的話語都能非常敞開心胸。

史瓦茲的家族成員還說，他們的營會是分享信仰和示範基督根基與價值的工具。他們不會強迫參與者接受信仰，但透過超美麗的風景、友誼和關懷的陪伴，可以讓他們觀察與享受上帝在地上所賜的祝福。布萊恩和敏蒂在每個營會的最後一天，都會分享他們的見證，而參與者們常常深受感動。如同敏蒂在他們的網站上所說：「我們親眼看見耶穌融化了最剛硬的心，見證了許多人把自己的生命交給基督。」[4]

4 參見網頁 www.xmocamps.org.

在國家廣場上研讀聖經

史瓦茲家族幫助營會的參與者們，沉浸在上帝創造的大自然裡。而另外一個我認識的家族，葛林（Greens），則是在美國的首都創造了一個很棒的地方，來查考神的話。我與葛林家族成為朋友已經許多年了，他們是來自奧克拉荷馬市的基督化家族，而且擁有許多嗜好。可能這也是他們開設「嗜好大廳」（Hobby Lobby）連鎖店的原因吧。

早在一九七〇年，大衛和芭芭拉・葛林借貸了六百美元，創立了一個家庭式企業，製作迷你相框。兩年後他們開了一間小店，時至今日，他們的零售工藝品生意已拓展為七百間店面，橫跨美國四十七州，並擁有兩千名員工。

在他們建造這個三十七億美元的商業帝國（其中包括馬德爾連鎖書店Mardel，和半球精品家具店Hemispheres）的同時，葛林夫婦和他們的孩子——麥特（Matt）、史蒂夫（Steve）和達西（Darsee），同時也變成信仰的主要培育者。他們貢獻了好幾億美金，支持福音佈道的各樣基督信仰課程規劃和拓展活動，當中也包括我的。

在一項對基督福音佈道與所有信徒來說，可能會是他們最卓越和長久的貢獻中，最近他們讓我扮演一個小角色。而在二〇一七年十一月，他們將會開放私人資助的聖經博物館給大眾，地點在美國華盛頓特區國家廣場附近。這是一個真的大規模以聖經為主的博物館，它將會有八層樓高，並且擁有四十三萬平方英尺的展覽面積。葛林家族會展示超過四萬件文物，其中包括古老的聖經手稿、拖拉古卷、幾個死海古卷，以及目前世界上最大的私人收藏楔形文字古物。展品也會包括一些藝術品、古老的儀式物件，以及為了貓王的歌迷粉絲而預備的，他的個人聖經。[5]

當葛林家族邀請我參與一個展覽創作時，我感到非常榮幸。這個展覽以基督徒的訪問為主軸，討論分享讀聖經如何影響他們的生活。我不需要辭去我的工作或是搬到華盛頓特區，像其他受訪者一樣，在博物館開館時每天出現在那裡。我會透過立體視訊影像的方式出現。這真的超級酷的！我的意思是，我一直以來都很公開透明，但現在你真的可以看透我耶！

聖經博物館是由史蒂夫・葛林所主導管理的。他告訴我，他的「異象」就是要創造一個可以分享聖經的故事，以及它過去幾百年歷史的所在。這個博物館歡迎任何不同信仰的人前來參觀，不論你是不是信徒。它的目標就是「把上帝活潑的真道，活脫脫地呈現出來，講述那些引人入勝的保存故事，並且激發人們對聖經絕對權威和可靠性的信心。」

史蒂夫和他的家人們相信，我們越多研讀與學習聖經，我們的信仰就越發堅定。他們想要透過自己的收藏來服事眾人，並且成為一座吸引與激發非信徒和其他信仰者的燈塔。使他們在這裡也能沉浸在神道的美好中，甚至被轉化改變。

5　參見網頁 www.museumofthebible.org 和 www.hobbylobby.com/about-us/our-story.

好友與家庭計劃

我非常喜愛在這世界上，超多人找尋創意與獨特的方式，來分享他們的信仰，並且培養更多上帝的軍隊。教會領袖們也是，包括在美國德州的「科佩爾生命教會」（Life Church in Coppell）的朋友們，都在利用一些新穎有趣的方式傳揚福音。

我與我的太太佳苗第一次見面的時候，她正和媽媽、兄弟姊妹住在美國達拉斯的一個郊區。當時他們是在「生命教會」聚會，地點剛好就在達拉斯／沃思堡國際機場的北邊。所以每次我到達拉斯的時候，就會和佳苗去他們的家庭教會，而也是在那個時候，我認識了他們的資深牧師提姆（Tim）和亞比該・霍蘭德（Abigail Holland）。提姆跟很多人說，當他第一次看到我坐在他們的聚會裡時，幾乎差點忘記了自己的講道。他在Youtube上看過我的影片，也在電視節目「歐普拉秀」上看過我，所以當他發現我坐在聚會當中時，感到非常驚訝和意外。

提姆完成了他很棒的講道。會後我們談到話，而佳苗和我就此與亞比該和提姆變成好朋友。提姆是一名牧師，他也是傳教士的兒子。成為一個傳教士其實才是他內心裡自己真正的樣子。在一九九一年時，他的父母，拉斐爾（Rafael）和唐娜・霍蘭德（Donna Holland）在科佩爾創立了一個生命教會的西班牙裔姊妹教會——「信仰世界教會」（Iglesia Mundo de

Fe）。他們現在是這間教會的精神領袖，同時也在服事著他們在拉丁美洲和西班牙所闢建的教會。

並不令人意外，基督信仰的拓展是生命教會的根基價值之一。霍蘭德一家，他們的教會領袖團隊和教會的會友們，在他們的群體裡都非常活躍；他們與一個行動式湯廚房的組織合作，一起餵飽了那些飢餓的人；另外一個團隊則會探訪療養院；還有一個團隊是帶熱咖啡和早餐，給城市裡那些正在等待被工作甄選上的日班勞工們。

霍蘭德一家在分享信仰和帶領更多靈魂走向上帝的光上面，非常充滿創意。二〇一六年初，我參加了他們一個長達一週的福音外展活動，過程特別有趣。他們鼓勵一千四百名教友，每人至少帶領十位朋友、家人、鄰居或完全的陌生人，來聽我在這個活動裡演講。

更令人印象深刻的是，在他們還沒開始邀約任何人的前六個月，全教會一起同心為每一個即將被邀約的人每日禱告。他們禱告上帝能預備好每一個人的心，敞開來接受他們的邀約。

在還沒有上台演講前，從後台看著台下的時候，我有一種感覺，彷彿就像看到當初耶穌用五餅二魚，餵飽那些追隨祂到遙遠村莊的五千人一樣。這兩種差別只在於，霍蘭德一家和他們的教徒，是把一千四百人的教會會友，變成一萬四千人的會眾！更棒的是，我們當時是連續六個晚上，加起來總計超過一千四百人回應呼召，並且決志把自己的生命交給耶穌基督。

我覺得這一類的外展活動，可以被稱為「好友與家庭計劃」；同時也可以包含同事、鄰居，以及，沒錯，有興趣了解你的教會和信仰的陌生人。最令人印象深刻的一部分，就是這種福音的外展活動，可以讓教會跟進每一個人或家庭，並且幫助他們與當地教會接軌，成為穩定的會友。在一四一四張被填寫的決志卡中（有時候一張卡片代表一個家庭），有百分之二十的人把生命教會當成他們的母堂教會。他們每週都來聚會，並且在與耶穌個人親密關係的經營裡，逐漸成長。一週內能有百分之二十的會友成長率，真的是非常棒的一週。呃，非常棒？拜託，是超級棒！

培育信仰

在這個章節裡，我分享了一些例子，看基督徒們如何用跳脫框架和充滿創意的方式，來分享他們的信仰。我知道有許多基督徒們有正職工作、家庭和責任需要照顧，以至於無法全職來分享他們的信仰，所以我想要在這個章節結束以前，給各位一些每個人都能做的，既簡單又能落實的方式，來拓展基督的福音，成為服事神的大使。

我們可以透過回應慕道友的問題，開放地歡迎他們對福音的興趣，分享見證，讓他們感受到基督徒有多麼關心人與充滿愛，教導他們神的話語，活出上帝誡命裡的樣式，來幫助分享祂真實的愛，以及鼓勵其他人來經歷祂。

我鼓勵每個人盡其所能地外展，傳揚福音。每個基督徒最基本能做的一些方法包括：

- 持續去教會
- 邀請非基督徒來參加教會主日、查經班和基督青年團契
- 歡迎新朋友參與自己教會的各樣活動，花時間回應他們的問題，或是服事他們的需要。
- 用一些幫助的禮物來引導新朋友，包括聖經、靈修內容、基督相關的書籍、禱告手冊等等。

第二部

建造團隊

Building The Team

6 當導師的人有福了
Blessed Are The Mentors

耶穌降生到這個世界來，為我們的罪獻上挽回祭；神的兒子同時也是為了「拯救那失喪的」而被差派來。祂是在這世上的首位也是最終極的心靈導師，而這也是每一個在信仰裡被堅固的基督徒的責任與莫大的祝福，就是我們要透過成為榜樣來服事人，並且如果可以的話，成為那些仍在找尋通往永恆救贖道路的人的導師。

神的兒子透過成為十二使徒的導師，來確保神的工作仍能持續進行。正如我們透過路加福音 9:1-2 所看見的，耶穌「叫齊了十二個門徒，給他們能力、權柄制伏一切的鬼，醫治各樣的病，又差遣他們去宣傳神國的道、醫治病人。」祂同時也教導了使徒們，該如何做的詳細細節，甚至告訴他們在傳福音行走的路途中，不要帶什麼東西：「行路的時候不要帶拐杖和口袋，不要帶食物和銀子，也不要帶兩件褂子。」（第三節）。

這真的是一些很慎重的指導建議耶！耶穌樹立了榜樣給祂的門徒，而他們在祂上十字架、死後復活、升天之後，擴充了祂的工作，並且傳揚祂所教導的。他們同時也鼓勵其他人變成導師。在聖經裡，彼得說到我們都應該做「群羊的榜樣。」

我相信所有基督徒都有一個責任就是，服事所有其他人，包括未信主的人和信主的人，成為他們的引導與鼓勵。等到他們與耶穌基督有個人親密關係，有寶貴經歷可以分享的時候，都應該成為這個角色。拿我的例子來說，這個時間點曾經悄然地發生在我生命中。我從來沒有想過把自己當成一個榜樣或是導師，一直到年輕人開始來找我尋求建議與引導之後。

在我青少年與二十出頭的時候，正忙於建造與追求我的職業目標。在那個時期我的人生，比較多把自己當成一個學生，多過於老師。然而，當我漸漸在信仰裡成熟，找到自己的命定之後，指導人對我來說開始變得非常自然，尤其是當許多年輕人因為想成為公眾演講者、事工團隊、傳教士或是傳道人，而來找我的時候。到了我三十幾歲之後，才發現之前我一直在不自覺的情況下指導人，而當時我真的有足夠的經驗與正確的智慧來幫助他人。

沒有上帝的幫助和聖靈的引導，我不會覺得自己在這個角色裡有價值。我身為心靈導師的這個角色，是建立在使徒保羅的榜樣上，就如他在哥林多前書 11:1 所說「你們該效法我，像我效法基督一樣」（NIV）。但即或有從聖靈而來的幫助，指導人並不總是那麼容易，因為我也只是一個人；身為一個男人或是一個基督徒，我都並不完美。我只能試著盡全力做到最好，並且期盼自己繼續在信仰裡成長，在上帝的眼中有進步，而這也是我對於那些向我尋求引導的人唯一的要求。

箴言 9:9 是很好的總結：「教導智慧人，他就越發有智慧；指示義人，他就增長學問。」

那些謙卑當導師的人有福了

我很享受透過指導的方式來引導那些年輕人，分享我在同樣年紀裡所曾犯過的錯誤。每當我看到他們學習與運用這些指導，成為更好的基督徒時，我總是感到再次被充滿與被提起精神。這感覺就好像我給了他們一個禮物，讓他們未來的旅程可以更順遂一樣。上帝創造了我們成為一個家庭，所以我會把任何一個我想要幫助、指導的人，當成自己的弟弟或妹妹。這就是擁有上帝的家與家人的美好。我們彼此互相照顧與守望。

基督教哲學家C.S.路易斯（C.S.Lewis），對於導師這個角色有另外一個角度的詮釋：「你可以把我想成一個，住在同一個醫院裡的病人同伴，只是因為我比較早住進來，所以可以給你一些建議。」[6]我喜歡這個謙卑的角度。謙卑是成為導師的一個很關鍵的部分。如果你把自己呈現出堅不可摧與無所不知的樣子，那誰會期待從你身上學到什麼呢？

一個聲稱自己從來沒有犯過錯的導師，不會是任何一個人想要跟隨的對象。我會尋找那些願意冒險、偶爾跌倒、在過程中學到許多功課的導師，因為我相信他們可以幫助我避免犯下他們當初所犯的錯誤。我一直都對於我的跌倒和失敗，非常地坦率直接；而我從這些失敗裡汲取的教訓，使我能成為一位更好的導師。

我曾經相信過錯誤的人，做過很急躁的決定，還有在太短的時間內想要做太多的事。曾經有些時候，我把自己繃到快要極限，自己都害怕會像橡皮筋一樣被拉斷。而這裡面有些錯誤，使我賠上過金錢、友誼，還有很大量的努力付出。其中有一些徹頭徹尾讓人非常痛苦，但是我從中學習到非常多；而對於那些前來尋求建議、指引和支持的人來說，這些經驗也讓我成為一個更好的導師。

指導人不是一件容易的事。這需要花很多的時間與嚴謹的思考，因為你不想要帶人走向錯誤的路，或者給他們一個過時或不好的資訊內容。給人一張捐款支票，或是擔任食物供應的志工，相較之下是比較簡單的事。但是要將一個人庇護在翅膀之下，成為他長期的知己和靈裡的引導，其實是更充滿挑戰與耗時的。有時候當我建議其他基督徒去指導人的時候，他們都會說自己在信仰裡還不夠資格或堅強。但是任何一個經歷過信仰長途旅程的人，都可以傳授上帝的智慧、鼓勵與支持。

指導可以就像每週或每兩週一起喝杯咖啡，分享一些如何活出屬靈生活的想法一樣簡單；或許也可以像在同一個專案企畫裡一同工作一樣深入。我一直都很開心，能幫助那些在信仰和與耶穌基督同行方面，可能還沒有那麼成熟的弟兄姊妹們。我想要幫助他們在主裡成為能負起屬靈責任，成長並且快樂的基督徒。

---

6 參見C. S. 路易斯撰，〈給范謝頓（Sheldon Vanauken）的一封信（一九五三年四月二十二日）〉；收錄於范謝頓自傳《嚴厲的憐憫（*A Severe Mercy*）》（舊金山：HarperSanFrancisco，一九八七年出版），第一三四頁。

承接使徒們的工作

許多教會都有正式的指導系列課程，讓有經歷的基督徒，能引導較年輕的會友和那些剛得著救恩或還在探索心靈的人。我的基督信仰指導關係的建立，是因為一些年輕朋友在聽過我的演講或是看過我的書之後，前來尋求我的協助，然後在友誼裡衍生出來的非正式安排。

我肯定他們大部分都是被上帝帶來我面前的，有些時候祂的角色比其他的都還要明顯。尤其在我的朋友布萊登•史瓦茲（Bradon Schwarz）身上特別真實。在我們完全沒有碰過面之前，他就已經把我當成他的榜樣好多年。

布萊登是被布萊恩和敏蒂養育長大的。他們在加州經營一個建設生意，同時還在加州、科羅拉多州經營極限行動營。布萊登大部分的童年時期，都在反抗他的父母和他們的信仰。「很多人總是會跟我談到上帝，還有祂對我的計畫，但當時我不在乎宗教。那個時候不知道什麼原因，我幾乎做盡了一切把自己陷入麻煩。」他回想著。

在他十二歲的時候，他的父母說服他去參加一個週末的基督青年搖滾演唱會。布萊登當時對信仰仍舊沒興趣，也不是基督音樂的樂迷，但是因為他從來沒有看過演唱會，所以就同意去了。因為布萊登從小就是在家自學，他也把這場活動，當作是一個能與其他同齡孩子出去玩的難得機會。他後來發現自己喜歡比較狂放的那些基督樂團，尤其是「家族勢力5」

（Family Force 5）。這是一個來自亞特蘭大的樂團，以其狂歡派對與混合衝撞的音樂風格而聞名，包括饒舌、金屬和高科技舞曲流行音樂等。

演唱會開場演出

在二〇〇七年週末演唱會的最後一晚，布萊登前去看「家族勢力5」的演出。他提早到達現場，結果發現暖場嘉賓是一個沒有四肢的奇怪傢伙：我！

「力克一開始講了一些笑話，並且表演了爵士鼓打擊，所以我以為他是一個為樂團開場的喜劇藝人，」布萊登說，「然後他開始講到主，當下我覺得他正在直接對我說話。力克打破了我一直以來對父母的信仰所築起的牆。他運用了他的幽默和見證，分享了上帝在他生命中的計畫。在那個時候他像我一樣，都是單身男生，所以從他身上聽到這些真的很不一樣。當他說到『上帝對你有一個計畫』的時候，這句話從此就留在我心裡。」

那一天布萊登和我並沒有碰到面，但很快之後他就把自己的生命交給了基督。他的父母非常地高興驚訝，他始終記得，這是他人生中很重大的一次經歷，在那裡他聽見我演講。我完全相信，那一天晚上是上帝讓我們在基督演唱會上遇見彼此，但是祂在我們身上的工作並沒有停止。

時光快轉了六年。我已經與佳苗結婚，她剛懷了我們第一個孩子幾個月。有一天我們去逛街，因為佳苗想要買一雙夾腳拖鞋，所以就去了加州我們家附近購物中心裡的一家店。我看到一個年輕的銷售小伙子站在店裡面，正在折著展示台上的衣服，當時他身上的某個東西打中了我；我覺得他看起來像是一個擁有光明未來，能做更大的事情的年輕人。

我走向前去問他可否幫忙我們。布萊登很熱情地介紹了自己，並且說他認出我就是六年前那個在基督演唱會上演講的人！他告訴了我所有的故事，關於我那一晚的演講如何幫助他走向基督，並且大大改變了他的人生。當他向我透露，這是他在這家店上工的第一天時，即便那時我還有任何對於上帝工作的懷疑，也瞬間完全消散無蹤了！大約一個禮拜前，他走進了這家店，而他們立刻就給了他這份職缺的工作。很誇張吧！？誰知道上帝原來居然會是一家店的召募者！我當然不是真的這個意思，但上帝看起來非常努力把我放在能指導布萊登的位置上。所以讓我告訴你，這一切是如何有趣地發展開來的。

在我們找到夾腳拖鞋之後，我問了布萊登，是否可以讓我為他和耶穌的持續同行禱告。他說這再好不過了。那時，再一次，我們在沒有交換電子郵件地址或電話號碼的情況下分開了。那次也可能會是我們彼此最後一次聯繫。

但是又再一次，上帝在我們身上的工作並未停止！大概三個禮拜之後，佳苗和我去了一個苗圃，為我們的後花園找一些適合種植的樹苗。當我們正在四周觀看的時候，一個男子走上前來，說他的兒子在一場演唱會裡聽過我的演講後，把自己的生命交給了上帝，從此之後就成了我最大的粉絲。在他告訴我他的兒子在等著我們的時候，我發現他就是布萊登的父親。

而當布萊恩・史瓦茲（Bryan Schwarz）說他認識我的叔叔巴塔（Batta）和他的家人時，這種連結，讓我更加驚訝，因為我的表親蘿拉，曾經在一場史瓦茲家族舉辦的慈善募款活動上表演過。

在聊了更多之後，布萊恩主動提出，要親自用卡車把我們買的幾棵棕櫚樹運送到家。當他載著樹到我們家後，解釋到他之前是一個建築承包商，並且主動提出，如果我們有任何改建工程上的需要，可以隨時找他幫忙。後來我們做了一些改裝，而他最後幫助我們完成了工程。

有一天布萊恩在我們家工作時，給了我一支影片，說這內容是有關他最近剛開始經營的一個非營利組織。當時因為有許多電話需要回覆，我說沒有機會馬上看，但是我卻又順手給了他「我的」影片，這讓他覺得很好笑，不是說我沒有時間看他的影片嗎？我們兩個都為此笑了起來。

後來看過他的影片，真的讓人印象非常深刻。布萊恩和他的太太敏蒂，在二十幾年前成立了極限行動營隊。如同我之前提到，他們營會的成立宗旨，是為了提供視障人士參與許多運動的體驗，活動選在科羅拉多州的度假屋和加州的一些據點舉辦。

很明顯地，上帝把布萊登，還有他的父母與姐妹瑪蕾（Marleigh）帶到我們的生命當中。很快地，佳苗與我就去科羅拉多探訪他們。在一次聚會當中，布萊登告訴我他進入了一間基督教大學，而且會主修商學，因為他計畫有一天要承接並且擴展極限行動營隊。我主動提出我可以成為他的導師，提供一些我經營自己非營利組織——「沒有四肢的人生」的經驗。

就在佳苗與我首次前去探訪後一個禮拜，我對布萊登真的有了更多認識。有一天晚上他正在讀聖經，我主動建議跟他一起閱讀。布萊登感到非常受寵若驚，他告訴我因為這讓他想起，我曾經在幾年前的那場演唱會上，幫助過他找到走向耶穌的路。

那一天晚上，我們與基督分享了我們之間的談話。布萊登有一些疑惑，問了我幾個關於如何面對每日生活誘惑，如何堅持在信仰裡的問題。因為我隨身帶了一張特製輪椅，讓我能夠在山裡樹林間與佳苗、布萊登一起健行，所以在那個禮拜，我們有幾次像這樣長時間的討論對話。而在這些健走中，我們彼此有了更深的連結。

我分享了遊走世界的經驗，包括一些我曾經見證的神蹟。我告訴布萊登之前我經常禱告祈求一個能給我手與腳的神蹟。我們做了深度的對話，譬如為什麼上帝會給某些人神蹟，而不給另外其他人。我們都認同，很多時候我們無法了解上帝的心意，因為我們的眼光很有限，所以大家必須相信，祂的一切工作都是為了使我們得著益處。

建立連結

後來的一年左右，佳苗與我、布萊登還有他的家人，變成了好朋友。我為他們的非營利組織建立顧問委員會，提供了一些建議。同時我也在他們的年度募款會中演講，吸引了五千人前來。布萊登統籌了整個活動，而這也是他第一次主辦的募款會。我主動提供引導來幫助他整合一切，並在後來主動提供建議，幫助他們家族完成營會的商業企劃。

布萊登滿二十歲的時候，正在就讀商學學校二年級，同時也在展望著未來要經營他的家族營隊。當時他在考慮著是否要去企業裡實習，而我告訴他我正在規劃一系列行程，要前往世界各地，需要聘請另一位看護在旅途中協助我。我把這個職位開放給布萊登，並向他說明在這些旅程中，我會在非營利組織的經營，還有信仰的事上給予他指導。

因為還有另外兩位看護輪替照顧我，所以整個旅程大概只會花上他一個月裡十天的時間，而其餘的日子，布萊登可以去做其他的事。在接受以前，他對我提供的工作機會禱告了許多天。

服事上帝的心意

在開始講這個故事之前我談到，這種長期的指導關係，是出於自然而然發展起來的友誼。某種程度上來說這是真的，但你可以看見神的手在其間的工作。我相信這對大部分基督信仰的指導關係來說，是真的。我們的天父運行著最強大的指導計劃！

祂就是那雙無形的手。祂在演唱會上把我與布萊登第一次聚到一起，然後是在他工作的店裡；再來把布萊登的父親帶到苗圃，讓我們聚在一起。

「力克把我帶到基督面前，然後他指導了我，幫助我在信仰裡成熟。上帝因著祂的心意把我們聚在一起，」布萊登說，「透過力克的行為，我看見他全然服事神的心。他對於上帝與他的服事非常有心。他讓我看見福音佈道家的角色，不僅僅是傳道。他把這一切都帶進他的個人關係裡，並且幫助他周圍的每個人，變得更像上帝想要他們成為的人。」

7 成為基督徒的榜樣
Serving as A Christian Role Model

我無法總是透過導師的服事，來幫助那些我想幫助的人，但是我盡一切所能去回答他們任何問題，和成為他們在基督裡的榜樣。理想化來說，我是可以指導任何人，還有每一個想從我身上找尋靈裡的引導和協助的人。但大部分的真實情況是，我無法隨時在身邊幫助他們，因為我有我的行程，和身為「沒有四肢的人生」以及「態度就是高度」的負責人，所須承擔的其他責任，更何況還有身為丈夫以及兩個孩子的父親的角色。

我可以透過社群媒體，諸如臉書和推特的幫助，藉由成為基督徒的榜樣來服事更多的人。我可以定期傳遞盼望和啟發人的信息，給那些在網路上按讚追蹤我的人。指導人通常需要一對一面對面，而這通常需要更多的時間與精力，加上定期彼此便於接觸的方式。

像「美國大哥哥大姊姊」（Big Brothers Big Sisters of America）這樣的組織，以及教會裡的青年小組，可以配對許多導師與受指導者。如果他們都能很容易碰到面的話，有時候你也可以同時指導一群人。

可惜的是，我太常飛來飛去，而且有太多其他責任，使我鮮少有機會能每日一對一指導任何人。布萊登是很少數的例外，因為他曾經擔任我的看護，和我一起長時間工作，而這提供了足夠的機會讓我來指導他。

身為基督徒，另一個你可以做的最好方式，就是成為一個榜樣，來幫助其他人走這條信仰的旅程，無論距離遠近，都可以成為一個很好的範例和啟發。我一開始是布萊登的榜樣，後來當他開始跟我工作後，漸漸變成他的導師。我比較常是透過成為他人的榜樣來服事人，而有時候我會碰到那些有在關注追蹤我的人，甚至有些是完全不會碰到面的。但這過程對我與對方來說，仍舊是一個很有獲得和啟發的經歷。就好比我在納什維爾探訪期間，所遇到的一位年輕人卡米恩•史東（Khaavion Stone）。

設立目標一直都非常重要，而採取行動來更靠近這些目標，同樣也很重要，最終的結果，則是由上帝來決定。每個人都一定要不斷吸收知識和在信仰裡成長。在基督裡的導師，他們都是因著上帝的恩典，而分享、鼓勵以及變得更剛強。如果狀況改變了，你也不要覺得氣餒。那些尋找成長的人，在信仰成熟的過程當中，會有需要、優先順序和意見的改變。導師沒有辦法控制每一件事。他們透過身為引導者和鼓勵者去服事人，並且在任何可能的機會下，試著幫助人走在上帝想要他們走的正確道路上。並不是一路以來所有有心的指導，都會落在我們預期的結果裡，但是當上帝呼召我們前去，我們就透過服事，看見更多祂的孩子被鞭策著去完成祂的旨意。

在上帝的引導下成為榜樣

森妮西亞・史東（Shynithia Stone）在懷孕四個月的時候，醫生告訴她一個會改變她一生的消息：她懷的這個寶寶，手與腳都沒有生長出來。那位醫生從來沒有接生過沒有手腳的嬰兒，他試著說服當時二十一歲而且單身的森妮西亞，立刻把孩子拿掉。當下她崩潰地哭了。這位充滿愛心的媽媽在這裡說出了她的故事，而我覺得這是一個母親在上帝愛的大能裡，一個很美的見證：

當發現自己懷孕的時候，我非常興奮，等不及想照我的第一個超音波，看看寶寶的照片。當我去照的時候，不太能理解醫生們給我看的是什麼，或者他們所說關於我兒子的話。是，超音波很清楚地讓我們看見，我的寶寶是一個男生。但當時我唯一能聽見與消化的內容，就是醫生們告訴我這個孩子不會有一個有意義的人生，因為他完全無法靠自己做任何事，所以我要為他做所有的一切。最後我會對幫他做所有一切的事感到疲累，很有可能因此把他放在一個照顧機構裡，而這對他或對我來說都不公平。

簡而言之，醫生們告訴我，對我懷的這個孩子和我來說，最好的方式就是墮胎，越快越好。當時陪著我一起去照超音波的表親拉莫妮卡・麥當勞和我都哭了。當下我非常需要離開醫生的辦公室，並且連絡上我媽媽，讓她用我能懂的方式解釋給我聽。

我給我媽媽看了那些超音波照片，而她告訴我寶寶的手與腳並沒有生長出來。她告訴我那間醫院打電話給她，不斷重複告訴她一樣的話，就是墮胎是最好的選擇。他們讓她試著說服我，長遠來看這對我會比較好。他們說我當時還很年輕，還可以有其他的孩子。但他們不知道我家族的任何歷史，或者我們的宗教信仰，以及我們是從哪裡來。

你知道嗎？我們是使徒信心教會的，奉聖父聖子聖靈施洗，說方言，相信我主和救主耶穌基督教義，敬畏神的聖徒。

對於神來說，沒有任何一件事是太艱難的。我還記得小時候在主日學裡學到的所有教導，所以我開始向上帝禱告，求祂告訴我該怎麼做。「讓我的想法變成祂的想法。」然後祂真的就做了。

我選好了我兒子的名字，也就是卡米恩・奧瑞茲・史東，然後舉辦了一個新生兒滿月聚會，並且做了一切身為母親預期要做的事。在醫院裡與醫生對話後，唯一知道卡米恩沒有四肢的人，就只有我的媽媽和表親。我媽媽和我並不想讓任何人試著介入上帝對我與孩子的計畫，所以我們把卡米恩的命運交在上帝的恩典之中。

當醫生們說，醫院明白墮胎不是上帝對我和兒子的計畫的時候，機會開始降臨到我們身上。他們幫我連結上了特殊護理和家庭照護。你看，卡米恩一直都有天使守護在他身旁。他的第四位天使是一個公共衛生的護士，當時正在新生兒照護部門工作，她的名字叫做南西。

她為卡米恩爭取奮鬥，彷彿他是自己的兒子一樣。南西打開了與醫生和組織的各種溝通管道，為我的兒子爭取最大的獲益。

當范德比醫院（Vanderbilt Hospital）說他們做不了什麼的時候，南西說：「你可以的，而且你會做。」南西協助我幫卡米恩裝了手的義肢，還陪我去了所有醫生的約診。為了解釋所有醫生為我兒子診斷時使用的醫學術語，南西幫助卡米恩入學，就讀於「田納西州早期療育服務」（TEIS，Tennessee Early Intervention Services），因為他們提供了一個專員給我，幫助我發展與鼓勵卡米恩的身體技能；他們同時也提供給我其他能幫助卡米恩的機構，包含田納西州的社會服務組織（the Arc of Davidson County），還有納什維爾的聖地兄弟會（Shriners in Nashville），以及萊克星頓的聖地兄弟會醫院，肯德基州「列克星敦聖地兄弟會醫院」（the Shriners Hospital of Lexington）。

南西也幫他報名參加范德比醫院的門診兒科物理治療計劃。當他後來超齡的時候，她還協助我把他帶到范德比大學醫院的蘇珊葛萊學校（Susan Gray School at Vanderbilt University Hospital）。後來他進入了哈里斯・希爾曼（Harris-Hillman）的學程，而就在這個時候遇到了他人生中的第五位天使，莎莉。你看，當你來自於一個敬畏神，被祝福與被拯救的家庭時，上帝會用祂在地上無限量的天使們圍繞在你身邊。

身為卡米恩的媽媽，我是他的第一位天使。我的媽媽，琳達・史東（Linda Stone），是他的第二位。他的第三位是我的未婚夫，飛利浦・迪爾克（Phillip Deark），也是他唯一知道並且很愛的父親。他的第五位天使是莎莉。因著她的貼心和慈愛的個性，為我兒子打開了許多扇門。莎莉是一個非常特別的人，在她讓卡米恩能夠見到力克以前，她完全沒有放棄努力過。

當力克決定把卡米恩的故事加進來的時候，我和我整個家族都覺得很感恩與榮幸。我兒子此生的第一篇故事章節，獻給了這本書。未來卡米恩的人生會有更多的章節，在他如此美麗的人生中被寫出來。你看，卡米恩現在已經八歲了，而且透過上帝的恩典，被如此多的愛與豐盛充滿。我的整個家族都非常愛莎莉為卡米恩付出的真愛。莎莉她現在是，而且也永遠都會是我們家族的一分子，在耶穌基督的血脈裡。

森妮西亞的故事令我非常感動。我沒有四肢的出生對於我的父母來說，完全沒有預警，即便當時我的媽媽做遍了所有一般產檢與聲波圖。與我父母不同的是，在森妮西亞的例子裡，她有一些時間來預備兒子的出生，甚至有網際網路這個工具，可以幫助她搜尋醫生們無法給她的答案。我很感恩她透過線上研究看到我的影片和網站，因為這讓我可以成為一個基督徒的榜樣來服事她，並且成為她盼望的來源，以至於後來能夠更多服事她的兒子，卡米恩。

「當我在搜尋是否有其他人，生下來也沒有四肢的時候，力克的名字馬上就跳了出來。後來我在教會裡的一個朋友，給了我他其中一本書。我一直都打算要扶養我的兒子，但當我知道力克找到上帝給他的呼召的時候，這給了我很大的幫助。因為這給了我盼望，去相信我的兒子也會找到他的呼召。」她說。

當森妮西亞的醫生和其他人，覺得她的兒子不能擁有一個正常人生，而不斷催促她墮胎的時候，她把我的影片拿給他們看，證明透過一個充滿愛和支持的家庭、堅固的信仰，還有決心，一個沒有四肢的孩子也可以擁有一個好到無法想像的人生。「我懷孕的過程非常順利，除了看醫生的時候，他們一直說這孩子永遠都無法做任何事以外。我看過了所有力克的影片，還有他做過的一切，」森妮西亞說，「當我把這些拿給我的醫生看的時候，他很驚訝。他從來沒有看過像力克這樣子的人。後來他漸漸覺得，我的孩子也是有許多可能性的。」

一個受到歡迎的榜樣

我會分享給你森妮西亞和卡米恩的故事，是因為我與他們的關係，就如同我與許多世界各地的其他人一樣。在我的旅途中，至少遇到超過三十個生下來就少了手與腳的人。我很感恩能夠遇見他們，並且給予他們盼望與協助，因為我相信這是上帝給我在此生中的其中一個命定。

森妮西亞和卡米恩是早期透過社群媒體和網路，第一群找到我的人之一。他們追蹤關注我，並且讓我成為卡米恩的榜樣。然後，如同其他人一樣，當我來到納什維爾地區的時候，他們找到了一個機會與我見面。

我對於我們的相見，毫無懷疑地相信，這絕對是上帝對我們彼此的計畫的一部分。我把所有一切都歸功於我們在天上的父，而且我也確信，祂也會想把這一切分享給一位名叫莎莉・漢默瑞克（Sally Hamrick）的年輕女孩，也就是卡米恩的家教，鼓勵他的人和朋友。

我詢問她，我們三人是如何在上帝的計畫之下相遇的。當你讀了她的故事，我確信你會跟我一樣充滿驚奇，關於上帝是如何把我們帶入彼此的生命當中。這也是關於導師和榜樣，如何與被他服事的人一樣得益處的另外一個例子。

〈我們都有一個命定〉

莎莉・漢默瑞克

我從小在一個會把我帶我去教會的家庭裡長大，並且教導我信望愛，還有對上帝的順服，這些都是我生命當中最重要的事。不僅如此，他們教導我，服事他人是我們在地上能顯明基督，最大最有能力的例證之一。

作為一個孩子，我看著我的父母，用盡他們所能的一切方式去服事其他人。他們給了我對其他人憐憫的心，對基督的心，而這為我的生命提供了一個堅固的根基。中學之後，我就讀於田納西大學，主修幼兒教育，並且專注於特殊教育。

我曾有幾年在非洲擔任傳教士，並且上過神學院，幫助許多身障孩童和他們的家庭。因為我愛的一些人後來過世，並且經歷了一些關係的破碎，使我走過一些挑戰的低谷。我當時處在一個非常氣餒沮喪的狀態，向上帝呼求給我一些幫助與鼓勵。

在所有的混亂之中，祂平靜地對我輕聲說，納什維爾要變成我的家。我唯一能做的，就是相信祂有最好的計畫。後來我搬到了納什維爾，並且找到了一份工作，成為國小的代課老師。在二〇一四年，我遇見了一位改變我一生的男孩。當時我被派去一所很棒的學校，替一位很貼心的老師，蘿拉・紐曼代課。

當她在幫助我準備接手她的課程時，跟我討論過一遍所有的學生，而她最後提到的名字就是卡米恩。當她對我提起這一位超棒的小男孩時，她的臉明亮了起來。她說他一出生就沒有四肢，但他成功地啟發了遇到他的每一個人。

我當時二十五歲，也已見過許多世面，但卡米恩是我遇到的第一個沒有四肢的孩子。在我們第一次碰面之後，我感覺到上帝有計劃地將卡米恩放在我的生命裡。當時我是他的代課老師，但後來我變成了他課堂上的助教。我知道這對我們兩個來說都會是一個挑戰，但上帝把平安放進我的心裡。

後來的一年，是我人生中最艱難但也最受鼓勵的一年。在這段時間裡我開始認識了支持、愛護和細心照顧卡米恩的家人，他們很有信心地相信，他能做任何他立下心志想做的事。

卡米恩的新同學對於他特別的外表，心理並沒有做好準備。而結果就是，他在一開始必須忍受許多人問問題，而讓人難過的是，有些評論可能比他們原本的本意更傷人。我們在學校餐廳的第一天，遇到了許多的注視和沈默，多過於接受和歡迎。

後來我得知力克小時候在不同學校裡剛開始上學的前幾天，也有過類似的經驗。力克透過一些方式，克服了一開始不被接受的感覺，就如同卡米恩一樣，透過與他人的主動交流，和帶給每個人迷人的感受。

我從來沒有看過任何一個人透過單純地釋放喜樂和盼望，就能帶出如此驚奇的轉變。我觀察這個小男孩透過慈愛、良善與無私的對待，使他身邊的每一個人變成更好的人。

卡米恩轉變了他幼稚園的同學們，從充滿敵意的陌生人，變成朋友和支持者。卡米恩身上的某些特質，會讓人覺得他們是被接受而且被愛的，而這不是一個許多人都擁有的特質。他愛那些人本來的樣子，而這個待人的方式，讓他真的成為一個很美的基督形象。

在跟卡米恩一起工作大約六個月之後，我開始做了一些網路研究，關於那些同樣生下來就沒有四肢的其他人，希望我能幫他們找到一個學習的榜樣。那時他開始學習閱讀，而且會說更多話了。我知道他有能力做許多其他的事。我看到了力克，為他當時正在做的事，和他為了榮耀神而向外拓展，來幫助更多人的事，感到驚奇。

每一次我看到力克新克服的一些挑戰，就對卡米恩感到越來越有盼望，因為他也能夠做跟力克一樣的事，像是游泳、走來走去，和使用一台電動輪椅等。

一開始我並沒有發現，森妮西亞和她的媽媽已經知道關於力克的故事，他們一直以來也不斷給卡米恩看他的影片，來啟發他。我非常喜愛上帝在我們知道這一切會發生之前，就預定了所有的事。祂透過很神奇的方式，為祂的孩子們編排著美麗與大有能力的經歷。

在我們都在看著力克的時候，上帝正在看著我們，並且預定了我們與他的一個會面。這會是卡米恩人生中的第一次，跟一個與他一模一樣的人相見，一個會給這個孩子未來許多盼望的人。

我開始變得有決心，要回應給予卡米恩，他所帶給我的一樣的啟發。我想要他跟力克見面，把他當成一個可以比任何人都理解他的導師。我想要幫助卡米恩看見，其實他並不孤單，他有一個無可被取代的命定，而且，如同力克一樣，他可以做到任何自己下定決心要做的事。

後來我得知了力克在二〇一六年七月，要來納什維爾的行程，所以我寄了一封電子郵件到他的公司信箱，而力克的助理，卡拉・米爾斯（Karla Mills），幫卡米恩和他的家人，安排了一個與他會面的機會。

這個會面是在七月二十二號，在力克投宿的納什維爾旅館裡。當力克抵達的時候，卡米恩非常地害羞，這也是他遇到新朋友時通常會有的反應。然而，在他們談話結束時，卡米恩面帶著微笑，並且恢復他平時活潑和喜樂的個性。

森妮西亞的未婚夫，在卡米恩十五個月大以後，一直就扮演像是他父親一樣的角色，他也待在現場，而力克以強而有力的方式，鼓勵我們所有人。其他人可能會說，他們對於卡米恩所面對到的掙扎感到同情，但力克是極少數能真的了解從出生以來就沒有四肢的感覺。

森妮西亞一直以來，都在鼓勵她兒子要接受自己是沒有限制的，而力克也支持她的用心，鼓勵卡米恩去嘗試新的事物，並且持續努力。他用所說的話把生命帶進了卡米恩的未來。

力克說，如果卡米恩有一天想要進入演講這個領域，他可以幫助他，鼓勵他，並且指導他。他告訴我們把他當成家裡的一份子，如果他們有任何問題，永遠都可以來找他。

我們全部的人在會面結束時一起禱告，而當下我感受到上帝的同在。這是我很久以來沒感受過的。上帝提醒我，祂給了每一個在我們圈子裡的人，一個命定。

當力克為他們一家人禱告時，我笑了，因為我知道這對我與當下的每個人來說，是一個改變生命的經歷。卡米恩有一位跟他一模一樣，可以景仰的人，一位能給他動力和鼓勵，能提醒他，他是可以做到的，並且也會成就一個很深刻的命定。為此我們永遠都感恩。

卡米恩對於演講仍舊有些掙扎，因為他有一些語言障礙。但每一次他和我看著與力克會面的影片時，他會說：「力克。」他再也不會因為缺乏四肢，而覺得自己是孤單的，而我也永遠會因為力克在他和我的生命中出現，而滿心感恩及得到激勵。

8 福音的同盟軍
Allies for The Gospel

我非常愛一對一指導所帶來的個人收穫。沒有任何感受能與看到一個年輕人，把你所傳授的建議和課題應用出來的這種感覺相比。但我必須得承認，關於指導這件事，有許多更大格局的內容可以分享。在某些例子裡，我是從指導的關係開始的，但隨著時間成長，我們將成為一個屬靈的同盟團隊，透過互相連結我們為共同的目標一起努力。

這讓我想到另外一個一直以來跟我一起工作的年輕男生。指導他可能是我所有經驗裡最棒的一個，因為我知道我的付出，在他的裡面又會增加許多。你知道嗎？這個有企圖心的小伙子，一直以來都在更大的格局上做上帝的工作，他為神在地上的軍隊招募了上百個年輕人。

布萊恩・巴塞隆納（Brian Barcelona）和他的「一心學生佈道團」（OVSM：One Voice Student Missions），提到一個需要被關注的狀況，根據研究顯示，越來越少年輕族群持續去教會。為了要接觸這個沒能被穩定栽種在教會裡的世代，布萊恩發展出了一個事工，他們與在地的教會合作，一起進入許多中學，並且在校園裡紮根，成立聖經社。社友們會在午餐的時間聚集，並且一起探索基督的信仰，為那些本來可能永遠找不到如何通往天上之父的人，打開那扇門。

如布萊恩發表在報紙上的校園計畫裡所寫，有多少其他的基督傳教士們「精準地知道這些未信主的人幾點會來上學，午餐時間是什麼時候，以及他們一個禮拜五天，一年裡九個月在學校，都幾點離開？」[7]

布萊恩知道如何接觸對於信仰有疑惑的年輕人，因為幾年前他自己曾經就是其中一個。雖然在一個基督化的家庭長大——他的祖父植堂了五間教會，而且會去各地傳教——布萊恩看著他的父母在信仰上倒退，這使他產生挫折。在青少年時期的大部分時間，他因此都覺得自己是一個無神論者。

布萊恩當時覺得，他所認識的大部分基督徒並沒有行出他們所說的。他曾經聽到有人談論過一些很糟糕的事情，發生在教會與會友之間，而這讓他覺得基督徒們很偽善。「在我十五或十六歲時，以為上帝是不可能存在的，因為那些聲稱認識祂和愛祂的人，並沒有活出祂的教導或是誡命。」他說。

布萊恩的其中一位基督徒朋友，當時邀請他去參加他教會裡的青年小組。布萊恩拒絕了幾次，但那位朋友仍舊持續每禮拜發出邀請，並沒有放棄他。最後，朋友對他開出了一個特殊的邀約，他對布萊恩說，如果他願意去他的青年小組，他承諾幫布萊恩買一杯堅寶果汁。布萊恩很敬佩他朋友的毅力，還有他活在信仰裡的樣子，所以最終他答應了。而堅寶果汁，算是一個額外的收穫。

在聚會中布萊恩站了起來，發出挑戰讓上帝來觸摸他。當時布萊恩其實也有點被自己驚嚇到，因為這是一個很大膽的舉動。但馬上他感受到「這個很誇張的愛充滿了他的全身」，他就哭了。

後來的幾個月，布萊恩接受了上帝對他的愛。他明白其他基督徒的行為如何並不是重點，無論他們是偽善抑或是基督的真實追隨者，因為唯一重要的，是他與耶穌基督的關係。

布萊恩從一個無神論者，轉變成信徒的信仰之路，讓他學習到如何接觸其他正值青春期的年輕人，而這就是他目前獻上生命、致力在做的事。他還記得那時候在高中，他還是個非信徒的時候，那些基督徒同學們每天從他身邊經過時，手上都會拿著聖經，但卻從來沒有人停下來自我介紹過，更別說分享他們的信仰。布萊恩承認，即便當時有人努力想要讓他信主，或是改變他的信仰，他可能也會拒絕，但當時甚至沒有任何人有這個心去嘗試一下，直到他的朋友用飲料賄賂他去教會青年小組的那次。

「我對於他們自始至終都沒有伸出手這件事耿耿於懷。如果當時有人夠在乎地去做了，我可能會更早就得救。」布萊恩說。「我可能不會在整個高中成長期這麼長的時間裡，覺得

7 參見切爾西・諾托 Chelsen Vicari 著，〈停止嘗試「吸引」年輕人，走向他們〉一文，取自《基督郵報》（*The Christian Post*）二〇一五年八月十二日。www.christianpost.com/news/stop-trying-to-attract-youth-go-to-them-142565.

憂鬱和想要自殺。」

當布萊恩接受耶穌基督成為他的救主的時候，他感受到一股前所未有的強烈的愛充滿他。在他人生當中，第一次感覺到上帝是真的，並且是在很個人的層面裡存在。布萊恩持續禱告，兩年後他看到了一個從神而來的異象，要他去接觸其他高中學生，就如上帝當初觸摸他一樣。

在二〇〇九年他在母校，艾克．葛若夫中學（Elk Grove High School），創辦了聖經社，一開始大約有六個學生，後來成長到三十五個學生，並且維持了大概幾個月的時間。這個平均率讓布萊恩感到沮喪，但他仍舊保持耐心。到了學年底的時候，參與人數成長到超過三百個學生。經此鼓勵之後，布萊恩開始在其他的學校裡創立聖經社。

二〇一〇年，布萊恩夢想在洛杉磯一所中學裡能有一次「碩大的收割」。他搬到南加州，並在那裡和一個校園社區團體的傳教士們聯合，成立了「一心學生佈道團」。他們為了美國中學生的復興而禁食和禱告。隔年暑假，佈道團參加了一個活動，把超過一千人帶到主的面前，其中大部分都是學生。

自從那次開始，佈道團不斷在擴展，全都因為布萊恩以及盡心盡力付出的基督徒領袖團隊。在二〇一六年的六個月裡，他們創辦了七十六個聖經社，並且有超過一萬名洛杉磯地區學生參與其中。到了二〇一七年年初，已有二十三個志工工作人員，全職為「一心學生佈道團」工作。一路以來他們令人非常驚奇地看見，他們多快就以這麼大格局的規模，實現了這個異象。透過專注在他的目標上，布萊恩達到了這樣的成功，又或者，如同商業世界裡所說的：「把最主要的事，當成最主要的事。」在這個例子裡，他所專注的目標，就是在地上行耶穌所行的事。

在學校裡種下信仰

布萊恩最近一次拜訪，讓位於洛杉磯英格爾伍德（Inglewood）社區，一所幫派充斥的中學的校長，感受到我這位朋友是多麼堅定。這個學校充斥著幫派和爭鬥，所以當布萊恩想要跟校長碰面的時候，還引起他們的一陣憤怒反抗。當時我的朋友問這位充滿懷疑的校長：「我們可以如何服事你的學校呢？」校長以為這位訪客想要詐騙他。

他不太確定布萊恩到底有什麼意圖，但是腦中閃過的第一個念頭卻是，學校校區裡有些建築佈滿了塗鴉，非常需要重新粉刷。如果布萊恩想要找到一個貢獻方式，校長把這件事拋出來，作為一個值得進行的項目。

布萊恩答應校長在兩個禮拜內，會帶著油漆和油漆團隊回到學校。他後來兌現了承諾。然後那位校長問他：「你想要從我和學校這裡得到什麼？」布萊恩回答說，他希望能在學校創立一個課外社團，就像是西洋棋社或曲棍、網球社那樣，但這個社團，是開放給有興趣與同學一起研讀聖經的基督徒學生們。

那位校長同意了——就如同許多其他學校的校長一樣。

分享這個好消息

布萊恩覺得，全國有許多公立中學，剝奪了傳遞耶穌這個好消息給學生的機會，結果就是讓這個世代的青少年擁有非常少，甚至可說完全沒有信仰的根基。他的目標就是要把福音帶進公立學校裡面，來改變這個現況。他說他們的接觸方式，為現今的年輕人重新定義了什麼是教會植堂。在學校午餐時間，這些學生可以經歷一個以信仰為基礎的團體相處。「一心學生佈道團」認領學校，為這些學生帶來盼望與安慰，包括那些試著想脫離毒品、受虐、被漠視，以及過去有犯罪記錄的學生們。布萊恩和他的團隊分享了他們的信仰，提供協助，讓上帝做其他所有的工作。

這個有企圖心的信仰分享組織——「一心學生佈道團」，在網站上說明了成立宗旨：

「一心學生佈道團」One Voice 不僅僅是一個運動或事工，它是一個信息。這個信息很簡單，就是：「上帝在美國中學裡的工作還沒有完成。」每一個信息都需要一個信差，而這就是我們的任務。我們的社群團體，是由不同國家、背景、教會、事工而組成的。同心協力，我們不斷努力去接觸全美國的學生與校園，而不久的將來，我們會帶著耶穌的好消息，到世界各地。我們都是被上帝呼召，來拯救那些失喪的靈魂，使教會甦醒，看見眼前莊稼田地的現況。我們是學生的傳教士。我們是校園的傳教士。我們是世界各國的信差。[8]

這並不是一個不切實際、空中畫大餅的任務宗旨。布萊恩和他的團隊，一直以來在生活當中接觸學生的每個面向上，都非常成功。在早期的時候，有一次他正在某個學校裡進行聖經研讀，一群幫派份子為了逃離學校保全的追趕，突然狼狽地跑進教室來。他們不知道該做什麼好，所以就坐了下來。而當布萊恩結束聖經分享的時候，那些幫派份子在尷尬的沈默中看著他，最後有一個人終於站了起來，小聲地問：「我需要怎麼做才能得救？」

後來那間學校的校長告訴布萊恩：「不管你在做的是什麼，請繼續做，因為幫派團體陸陸續續帶著孩子們來到我們的輔導辦公室說：『我們不想要再成為幫派的一分子了。請幫助我們。』」

這正是「一心學生佈道團」成立所要做的事。他們想要幫助那些試圖實現自己夢想的學生們，看見上帝是所有夢想最終的成就者。如布萊恩所見證到的，主同時也是拯救生命的那一位。

有位學校職員在布萊恩的一場會議結束後，看到一張被遺留下來的紙條。那是一張匿名

8 全文參見加州帕薩迪納市「一心學生佈道團」官網 https://onevoicestudentmissions.com/what-we-do.

紙條，寫給聖經社的主席，還有「那個講道的人」，也就是我的朋友。紙條上表達了感謝，內容大致是說：「昨晚我本來打算要自我了斷，但在學校裡我去了你的聚會，找到了盼望，而今天，我還活著。」

布萊恩被這封信深深地感動，因為這印證了他身為導師的這個工作，是做在一個更大的格局上。我必須得承認，身為那位導師的導師，我也感覺非常棒！

跟隨一個夢想

布萊恩和我有一段共同非常喜歡的聖經經節，這是一段改變我們人生的經節。第一次讀到那個瞎子被耶穌醫治的故事時（如約翰福音 9:1-4 所記），我看見這段文字可以如何應用在自己身上，它幫助我找到上帝給我的在這地上的命定。而在布萊恩身上，則是看見那些中學學生和瞎子的相似之處。跟他一樣，許多青少年生下來就看不見上帝的光。

在這一段知名的聖經故事裡，門徒們問耶穌：「拉比（Rabbi，指猶太教領袖和聖師），這人生來是瞎眼的，是誰犯了罪？是這人呢？還是他父母呢？」耶穌並沒有責備人，反而說：「也不是這人犯了罪，也不是他父母犯了罪，而是要在他身上顯出神的作為來。」這個回答將我帶到了上帝的路上，成為世界各地靈魂的招募者。而布萊恩受此啟發，則是去幫助青少年，找到遇見耶穌基督的那條路，以及天堂裡永恆的生命。指導布萊恩對我來說是一份禮物。

我們擁有共同的目標，而且透過幫助他，我也能與他同工，一起接觸到更多未信主的人，把他們放到上帝的手中。

我們在天上的父很明確地讓我知道，指導其他擁有相同使命的人，也是祂為我預備的計畫之一；因為祂不斷把像布萊恩・巴塞隆納這樣的年輕人，帶到我面前來。

在我們第一次見面的時候，布萊恩告訴我，幾年前他有夢過與我碰面的情境。接下來，就是他對於這個夢的有趣描述，或者我們應該把它稱為預兆：

我其實是一個不太會作夢的人，所以這對我來說是非常奇特的。我曾經看過力克的影片，也讀過關於他的文章，但這真的是一個很隨機的夢。我當時是在一個高爾夫球場上——又是一個很隨機的景況——而我正跟著另一個指導我的人一起。力克當時也在，即使在現實生活當中我們從來沒相遇過。後來在那高爾夫球場上，那一個指導我的人離開了我們，而力克看著我說：「你準備好了嗎？我們出發吧！」然後他就帶著我走向另一個方向。我就這樣跟著力克，然後就醒了。

當布萊恩告訴我這個夢，並且問我覺得如何時，我必須得承認，這聽起來好像已經預知了我有一天會變成他的導師。布萊恩接受了，而我真的很享受跟他一起同工，因為他會把我告訴他的話放在心上，然後去實踐。

這並不是每一次我指導人的時候都會發生的事。有些人會聽，但是不會跟進。布萊恩知道我心裡會處處為他著想，因為我們有相同的目標，而且他也知道我之所以挑戰他，都是因為我想要他在更大的格局上，能有長遠的成功。

布萊恩告訴我，其他人會鼓勵並告訴他上帝會使用他，但也就僅止於此，不會再給予引導或是參與其中。而我因為一直都在經營一個非營利的基督信仰組織，以及一個盈利的勵志事業，時間超過十年，我知道如果投入並且服事其他基督徒行祂的工作時，上帝會如何按著祂的心意使用我們。我曾經歷過失敗和成功，所以有非常明確具體的引導，能給予我所指導的人。我可以幫助他們避開我曾經犯過的錯誤，但他們必須願意照著我的建議去做。

布萊恩有聽進去。他從我的經驗裡學習與得到許多收獲。我給布萊恩的某些建議，乍聽可能會很矛盾。舉例來說，我告訴過他要想得大一些，同時又輔導他要慢下來。早期他在洛杉磯市中心的中學裡，創建聖經社方面所經歷到的成功，讓他非常興奮。教育者們口耳相傳，很熱切地想要把這正面影響也帶到他們的學校裡。布萊恩收到了一些邀請，希望他去演講以及在全國各地的學校成立聖經社。

你可以說我比較多是在幫助他踩煞車，同時幫他注意前方的路。比起失敗，成功對於一個重大的外展來說，可能會帶來相同大的威脅。布萊恩發現自己幾乎完全被機會給淹沒了。我輔導他要有紀律，與在地教會的領袖們合作，並且妥善運用志工，這樣才不會接下超過自己所能負荷的工作量。

為了成功而規劃

我建議布萊恩按下暫停鈕，依據他最初的夢想，花時間來作個五年計畫，然後把他的運動帶到世界各地。在我的鼓勵之下，布萊恩完成了工作規劃，就是要橫跨美國各地，栽種一萬五千個聖經社。我知道這聽起來是一個相當大的壯舉，但布萊恩有一套能加以實現的概念。他相信年輕人可以同時被影響，也影響他人。對於上帝改變他們生命大能的故事，首先必須作出回應。然後他們的信仰會被啟動，會覺得信任與信奉主是很好的。

不過，在我第一次詢問關於「一心學生佈道團」的計畫時，他丟出的是一些有企圖心但模糊的想法。我說：「這些都是很棒的初步構想，但你的計畫是什麼？」然後他重申了原本模糊的想法。再一次，我問：「但你的計畫是什麼？」最終，布萊恩聳了聳肩說：「可能我沒有一個計畫吧。」我們都笑了，然後我們開始幫他和他的組織著手發想了一個真實的計畫。布萊恩有一個目標，就是要接觸到兩萬六千個中學，橫跨全美國。這想法很令人敬佩，但當我問他要如何實踐這一切的時候，他說：「我不知道。」

我相信夢想可以很大，但我的父母在我年輕的時候經常告訴我，我需要的不只是一個夢想，而是一個計畫。當然，他們是對的。上帝低聲給予我祝福，在我還幼小純真的年紀。我會一下子就盲目投入一件事裡——就好像我在十九歲時，曾想要奉獻自己一輩子的生命給南非孤兒——而主彷彿會引導著我走過這一切。

在「一心學生佈道團」成立早期，布萊恩的感受跟我非常相似。當他在自己中學開辦第一個聖經社的時候，花了大概一年的時間才讓三十五個學生來參加，但後來社員數量快速成長。我們第一次見面時，他彷彿因為這個成功而有些眼花撩亂。在那些早期的日子裡，上帝一定在祂的工作裡，使布萊恩得著益處。因為布萊恩也是，毋庸置疑，在做祂的工作。

即便如此，無論你是在為基督呼召靈魂，還是為首次購屋的買家建造他們的第一個房子，早期的成功可以是一個祝福，也可以是一個陷阱。當一個組織或是企業開始成功的時候，所有的事都會變得更複雜。你會需要幫助，你會需要更多的內容，你會需要更多的排表規劃。所以我們就一起努力，完成他的長期規劃。

出生於一九九〇年，布萊恩承認他就像其他出生在千禧年世代的人一樣，常常看得不夠遠。他引用了一些研究，說明千禧年出生的這個世代通常很善於自我表達，所以較年長的人容易以為他們懂得的比真的實踐還多，譬如組織規劃和財政管理。而布萊恩最酷的地方就是，他看得到這一點。他明白自己知道得不夠多，所以非常能接受引導，並且非常珍惜。

一個偉大的異象

對於布萊恩能開放接受我的指導，我十分讚歎。我會激勵和挑戰他，因為我想要他完成上帝給他的命定。

我告訴他要澆灌一樣的愛、真理和鼓勵，在他的團隊隊友和學生身上，如同我澆灌他那樣。我對他強調，你所能做的最好的投資，就是讓你的同工們看見，每一天你有多麼珍惜而且在乎他們。

「一心學生佈道團」不是一個獲利的營運單位，而是一個改變生命的營運組織。他們沒有經費能負擔起龐大的一群工作人員，這裡所有的只是一群真的相信耶穌的志工。大部分人都是全職志工，這在現今世界上是很稀有的，所以讓他們知道自己的工作很被重視，這是很重要的。

耶穌之所以能吸引門徒與跟隨者，是因為祂澆灌祂的愛在他們身上。也因為這份愛，他們延續了祂的工作。今天我們這些在行祂工作的人，都應該跟隨祂的樣式。

布萊恩明白他所有工作真正的根基，是在建立他與團隊裡每一個人——在地教會、學校行政團隊、老師們，以及那些管理與參與聖經社的人——的關係上面。因為他不斷進入學校，以至於能在建立關係的這門學問上，操練得夠純熟。他不會馬上就開始講福音的道，或是招募學生到聖經社來。反而，他會先花時間來認識學生與老師們，然後賄賂他們，就像當初他的中學同學賄賂他一樣。只是他用的不是堅寶果汁，而是甜甜圈。

「我在校園裡給了超過上百個甜甜圈，然後我會與每一種不同的學生碰面，運動健將、幫派份子、嗑藥學生等等。我就僅只分享上帝的愛和盼望給他們，所以他們會對我敞開心門，讓我能夠幫助他們找到那條通往神國度的道路。我在洛杉磯康普頓區的許多問題學校，以及比佛利山莊裡超級高級、有錢的學校裡做過此事。孩子們其實都只是孩子，他們走到哪都會面臨到罪的掙扎，但是如果你用對的方式接觸他們，他們的心就會敞開。」

謙卑的服事

當我對那些被我指導信仰的人說話的時候，我會分享好的與不好的事。我會聊到我是如何對我父母的信仰產生懷疑，還有在青少年時期對於主的不解，因為我覺得一個愛我的上帝不會把我沒有手沒有腳地帶到這世上來。我從來不會讓自己呈現一個完美的基督徒的樣子。我會特別告訴年輕人，你可以有信仰，同時也有疑問；你可以有信仰，同時也會犯錯。我承認我有時軟弱，因為這是一個事實。我想要學生們能與我有連結，而這也是布萊恩在聽我對大型與小型團體演講時所學會的。他說：

從力克所說的內容裡面，我學到不要用一種，「我覺得學生們遇見我，是他們人生中所發生過最好的事」的這種態度，來接觸他們。反而要讓他們看見我是一個能幫助他們遇見耶穌基督，幫助他們透過祂的力量和愛，能做任何事的人。我們歡迎任何種類的學生加入我們的社團，無論是幫派份子、變性人，還是同性戀。我們不會對自己所傳講的信息犧牲與妥協。

我們會告訴每一個人，如果他們正在罪的當中，他們必須要改變自己的樣式。但如果他們接受了耶穌基督進入到他們生命裡，上帝的慈愛會帶領他們悔改。我們告訴他們，當你愛上帝並且與耶穌基督有一個關係時，你的生命會永遠被改變。

年輕的基督徒們教會我的，跟我教會他們的一樣多。布萊恩與許多他那個世代的年輕人，有過一對一的交談。他說，了解他們的思維模式很重要。他們是很有恩賜的溝通者，而且常常會讓人感覺很有自信與堅定，但事實上，就如同所有年輕人一樣，他們也有許多不安全感。雖然可能不會表現出需要指導，但當你一旦獲得他們信任的時候，他們就會歡迎你的指導。他們希望有人能夠非常關心地給予引導，並且為他們的成長投注心力。布萊恩說：

這是一個很概括的論述，但大致上來說，我覺得千禧年的世代，包括我自己在內，看起來可能很聰明和有自信，但我們非常需要被指導和門訓。就連在最基礎的事情上，我們都需要被引導，不論你說的是建造信仰還是組織。我們想要建造一個剛強的根基，但我們知道自己並不總是有足夠的智慧與經驗來做此事。

我很珍惜力克，因為我從來沒有遇過一個人如此堅定，走在上帝所命定他的道路上。他的建議都是來自一個很深的信仰根基，以及在那信仰裡被堅固起來。力克知道上帝呼召他到底是要做什麼，而且他把這一切都澆灌在每一個他所指導和愛的人身上。

布萊恩說，我幫助他了解「好的機會」與「上帝給的機會」之間的差別。他慢慢開始更能辨別什麼是好的機會，和什麼是更好的機會，因為那些更好的機會能讓布萊恩走在上帝為他預備的計畫裡。

「在上帝的幫助之下，我要在全國的學校裡扎根、成立聖經社的這件事，就變為可能，而我應該要傾盡全人全心來扎根栽種，」布萊恩說。「力克一直以來都在幫我導航，並且走在這條道路上。」

從指導到同盟

布萊恩只比我小六歲，而我能看見我們的關係進化後，在接下來的幾年當中，變得更像彼此互相幫襯的屬靈同盟軍，如同一種弟兄的血緣關係。我能持續幫助他專注在他的主要目標和未來計畫上，而這對我來說，非常有獲得與成就感。

他正被放在他這個世代的領袖位置上。在了解如何接觸年輕人，並引導他們走在耶穌基督的道路上，他擁有超齡的智慧。我覺得我們可以幫助彼此在這個世上做到更大的格局，並且榮耀上帝。

布萊恩很有智慧地說，當他與未信主，或正在尋找屬靈的家的青少年們說話時，他會遵循在基督信仰裡，那位最高階導師的樣式。耶穌會使用比喻——舉例來說，祂把天國比喻成一粒芥菜種——所以人們能很快抓到基督信仰裡最根本的概念。

「耶穌用對他們來說很真實的說話方式對他們說話，而力克也在他的演講裡做了相同的事，」布萊恩說。「當我們在學校的時候，我們試著用同樣的方式對學生演講。我們把福音分解成最簡單的形式，同時也訓練志工們在進入學校時，先認識學生以及了解他們的興趣。在他們在乎你要對他們說什麼之前，他們需要知道你是真的在乎他們。我們相信喜樂的悔改，是來自於聚焦在上帝給你的一個全新更好的生命上面。這就好像是你給了我舊的一塊錢，而我給了你全新的一百塊一樣。這個交換是他們一定會願意做的。相同的方式，我們讓他們看見悔改並不是一件很痛苦的事，而是很喜樂的。」

我學到透過成為榜樣和導師來服事人，而這時常帶領我遇到更多的屬靈同盟軍，也就是那些有才華有活力，並且擁有相同熱忱和目標的年輕基督徒領袖。我們都有動力帶領更多人到耶穌基督面前。我相信上帝對於像布萊恩・巴塞隆納、卡米恩・史東、布萊登・史瓦茲這樣的人生，有更大的計畫，就如同祂對每一個在信仰裡向祂禱告的孩子們有計劃一樣。

在下一個章節裡，我將會告訴你，我目前正在預備的下一個專案計劃的其中一項，這裡面包括了布萊恩，還有其他年輕基督徒領袖們，一個更大的屬靈同盟軍。

9 上帝的大帳篷

God's Big Tent

二〇一〇年，有一次我在加州帕薩迪納市的太湖大道教會（Lake Avenue Church），正預備要演講的時候，有人在教會的廣播系統裡公告，說禮堂內人數已達到兩千人的消防安全容納量，沒有辦法再讓更多人入場。失望的哀號聲在整個教會園區響起，還有很多人正在排隊等著進場。

記得當時我心裡在想：「我來是為了傳道，而上帝是為了拯救人，但我們卻沒有一個夠大的建築，能夠容納所有想要聽道的人。」於是我向上帝禱告：「神啊！我們需要一個更大的會場！」就在我想完這些話之後，在我腦海裡立刻浮現了一個異象：一座很大的白色帳篷，同時還跳出一個數字：八千個人。

那個容納了八千人的巨大白色帳篷的畫面，從那天我上台講道後，就一直牢牢盤踞在我心裡。我並沒有跟別人提起這件事，但在那一刻這粒種子已經種下了。幾個禮拜、幾個月，乃至幾年過去後，這個異象發展成了一個夢想，我不知道該怎麼做才好，唯有繼續禱告和把它牢記在心裡。

但是似乎有什麼在我裡面攪動著。於是我打了幾通電話，看看是否能找到人捐贈帳篷。前四通並沒有什麼結果，但第五通電話就非常不可思議了。那個人說他們剛剛才為了非洲的事工捐出一座帳篷，是可以容納八千人的那種規格。

在聽到這個消息的當下，你可以想像我的心情有多麼複雜。我對上帝說：「祝福非洲的事工，同時也感謝祢以這八千人的帳篷為我作印證，即便那個異象也是從祢而來。」帳篷容納人數可以是五千人，也可以是任何其他數字，但他們說的卻是八千人，這個事實多麼振奮人心。

我最終還是把異象的事告知董事會，並且請他們與我一起禱告，以弄清楚上帝是否希望我達成這件事。我在臉書上發了貼文，說明我們需要有人捐贈可容納八千人的帳篷。董事會裡有位董事承諾將認捐。這個想法似乎就要動起來了。

在一座帳篷裡作敬拜讚美的服事，那感覺有點類似置身一座有迷人古意的學校——也許甚至可以說就像舊約那樣。我非常感謝這麼多年來，「沒有四肢的人生」董事會所給予的許多支持。我完全不知道這件事何時能完成，但是在二〇一四年，有人做了認捐承諾，那當下我告訴董事會，對我們來說，要做像這樣獨特、新穎而又龐大的嘗試，似乎已是無法抵擋的趨勢。

實際上來說，在現代世界，做這樣的事很不合常理。大型帳篷不僅非常昂貴，在運輸和組裝方面也是一大挑戰，更別提當天氣不好的時候，它其實很不適合加裝冷氣或暖氣。為什麼不直接租用會堂或劇院就好？雖然我知道上帝的口袋裡有無限的資源，但我的內心同時有兩個想法在角力拉扯。洛杉磯的史坦波中心（The Staples Center）一天租金超過二十五萬美金，而我的活動預計要連續好幾個晚上，所以帳篷聽起來似乎是一個比較好的選擇。

我必須得承認這是一個很令人困惑的夢想，但它在我心頭盤桓不去，所以我請身邊所有的人幫助我，為我在這件事上禱告。聖經裡很明顯有提到帳篷這件事，舊約把它形容為「會幕」，是一個人們聚集在一起敬拜神的地方。出埃及記 33:8-9 則告訴我們：「當摩西出營到會幕去的時候，百姓就都起來，各人站在自己帳篷的門口，望著摩西，直等到他進了會幕。摩西進入的時候，雲柱降下來，立在會幕的門前，耶和華便與摩西說話。」

使徒保羅曾經是一個帳篷工匠。他用自己的收入來貼補福音傳道工作。而在更靠近現代的時候，許多漁夫，包括麥艾梅（Aimee Semple McPherson）、奧若・羅伯茲（Oral Roberts），以及我心目中眾多英雄的其中一位——葛培理牧師，都走遍全國為廣大群眾舉辦過帳篷復興特會，並且看見上千個靈魂在帆布屋頂下得救。

有些跟我談過話的人，對於帳篷這個回歸傳統的想法，跟我擁有相同的熱情。其他人則說，在現今如此高科技的時代裡，在帳篷裡傳道的概念好像有一點過時。如果我們在臉書、推特或是 Youtube 上就可以接觸這些人，為什麼要把幾千個人塞進一個帳篷裡？

為了大量擴增我們的觸及率，我們研究過使用直播視頻。舉例來說，我們辦一場「沒有四肢的人生」的活動，可以吸引兩萬人到租借的南佛羅里達州體育場，同時線上有另外十四萬四千人點閱率。擁有一座自己的帳篷作為場地，這想法之所以吸引我，是因為我們可以更高程度掌控活動品質。這也讓我們能夠創造出一個更有效率與效果的系統，對每晚接受耶穌的人作後續追蹤。我們的目標是要得到更長遠的結果，讓每一位新朋友與地方教會連結，得到他們所需要的支持和引導，然後成為基督信仰群體的終生成員。

有些教會不知道要如何創造那座連結的橋樑，而福音傳道人也很少與當地教會有良好合作，以協助引導新成員，反之亦然。大多時候，教會和福音傳道人只在有特別活動時才會連結在一起，他們之間並沒有長期的關係連結。

福音佈道是我們所做一切的核心。我們想要鼓勵所有的人與上帝同行；我們想要看見美國所有教會動員起來，跨越派別相互整合，一起學習在現代傳講福音最好的方式；我們想要幫助教會，與那些還沒聽見好消息的人產生連結、打成一片、分享見證。

問題一直都在於我們該扮演怎樣的角色。我們可以提供給教會一套計畫，抑或是利用將要擁有的大型帳篷，為共同努力與協作外展開闢更大的潛在機會？這件事我反覆琢磨了好多年，但主的工作自有祂的時間表。

之後大概有五個月的時間，我的注意力轉移到別的事情上，擱置了這個帳篷的想法。我幾乎完全沒再想到這件事，直到有一天醒來時著了魔，又滿腦子都是這個大帳篷的夢想。因為有一兩天時間可以用來腦力激盪，所以我打開筆電火力全開，利用「克雷格列表」

（Craigslist。編按：這是一個創建於美國舊金山灣區的世界性大型免費分類廣告網站），搜尋大型會場式帳篷。突然有一個西班牙文的廣告彈出來（拜我那位在墨西哥長大的太太所賜，這剛好是我目前讀和說都理解得還不錯的一個語言），裡面顯示了一個能容納五千人的帳篷，價錢也非常合理。我打電話給張貼廣告的人，再由他轉接到老闆那裡。後來證實他就是七十九歲的前歌手布弗・道爾（Buford Dowell），同時也是一位在帳篷裡傳道四十年的佈道家。

事實上，他因為在這麼多的帳篷裡傳過道，後來開始以製造帳篷作為副業。布弗是一個多彩多姿的傢伙，也是在帳篷這方面很有關係背景的專家，範圍包括任何種類的帳篷、帳篷製作和大型帳篷（譬如馬戲團）。雖然「克雷格列表」那個廣告裡的五千人帳篷已經賣出去了，但是他答應會幫我特別留意。

上帝正在工作，我可以感受到祂的同在。我完全不知道這一切將會如何或何時發生，甚或會不會發生，但是這個頑強的夢想正在帶領我走向某個地方。不久之後，我在加州聖巴巴拉有一場演講活動。活動結束之後，我與一對夫妻對談。因為他們希望匿名，在此我就叫他們卡若琳和理查。他們問我在為耶穌呼召更多靈魂的使命上進展如何，我跟他們提起這個不斷重複出現，有關白色大帳篷的夢。他們深受吸引。

卡若琳後來告訴我，她隔天凌晨五點鐘就起床，開始在網路上搜尋帳篷。接下來就我所知，她邀約朋友來一起協助搜尋，其中包含了一些明星友人，然後這件事的效應就開始不斷擴大了。

在二〇一六年十一月，我們一家人同去達拉斯，探訪佳苗的母親和姐姐。因為布弗・道爾剛好也住在那一帶，所以我安排了與他的初次會面。他是個很有個性的人。通電話的時候，我發現他有一副非常粗獷的嗓音，有時候不太容易聽懂他說話的內容。我們碰面的時候，他解釋說，前幾年在一次心臟手術裡，有位護士在將管子放進他食道時，撕裂了他的聲帶，因此毀了他的聲音。

在說完這個感傷的故事後，布弗看著我，全然客觀地說：「但感謝上帝差派了耶穌。」我可以看得出來，他知道上帝仍舊持續在他人生裡工作——還有我的。布弗告訴我，他有一位朋友曾經賣過帳篷給葛培理牧師。這位帳篷販售商主動幫他做了一個帳篷，並且只收很低的折扣價。

我在與布弗告別時，傳了簡訊給卡若琳。我們後來通上電話，一開始先在其他事上聊了許久，最後才提到我發現一個價位很好的帳篷，符合我所有的需求。她馬上說：「我的家人想要一起協助帳篷計畫。」當下我不太確定她說的是哪一種協助，於是我向她確認。「我們想要付這個帳篷的錢。」她說。

「整個帳篷？」我問。

「對，」她說。卡若琳解釋說，她的家族有非常可觀的財務資源，當「上帝帶領我們」走向有意義價值的計畫時，他們時常會捐款奉獻。我整個目瞪口呆，而且當然，感激到難以言喻。在這件計畫上，上帝絕對在帶領我們所有的人。

當我在寫這篇故事的同時，我們的大帳篷也正在建造當中，完成日期待定。為了購買座位和音響系統，我們有許多工作要做，還要籌募許多款項，但安排計畫很快就確定下來了。我們甚至為第一梯次的系列帳篷服事，在加州找到幾處可能的合適地點。

我心裡一直感到有些愧疚，而且多年來我不斷在說，在美國我們每一天都需要群眾禱告的工夫。待我們的帳篷第一次搭成之後，照我的計畫是要有一個三十天的禱告，單純就是禱告，也許再加點音樂，帳篷裡盡可能多點人。同時我也一直在跟一些團體協談，如青少年挑戰福音戒毒中心（Teen Challenge）和布萊恩‧巴塞隆納的「一心學生佈道團」，讓這個新場地的功能發揮到極致。我為這一些等待著我們的機會，感到很興奮。

使萬民作我的門徒

我好多次被鼓勵去做教會植堂，但是至少，在現階段人生中，我比較傾向於專注做外展。我的大帳篷，就是一個新嘗試，用來接觸那些可能會覺得在帳篷裡比去教會舒適的人。這個巨大的場地同時也象徵著我的一個長遠目標——把所有不同教派信徒聚集在同一個帳篷之下，無論你有什麼不同的教義或是傳統。這是我的一個更大的異象：把所有愛神的人聚在一起，戰勝懷疑、自我、疑慮與固執，並且全心專注在我們應該共同優先考量的事情——耶穌給每一個等待祂回來，並且要對祂交賬的基督徒的使命：「所以你們要去，使萬民做我的門徒，奉父、子、聖靈的名給他們施洗，凡我所吩咐你們的，都教訓他們遵守。我就常與你們同在，直到世界的末了」（馬太福音 28:19-20）。

所有的基督徒相信，神的兒子有一天會回來消滅撒旦，對於那些接受耶穌基督成為生命救主的人，歡迎他們進入天堂。我們都相信要服事他人，與聽從祂的誡命。我的夢想是我們可以在彼此的共同點上作連結，並且付出巨大努力，盡可能邀請越多未信主的人越好，一起進入上帝的帳篷。

在眼前這是一個特別重要的事，因為根據皮尤研究中心（Pew Research Center）調查顯示，現在教會普遍出席率正在下降；將近有四分之一美國成年人口，認為自己是無神論者或是不知神論者，或是聲稱自己沒有特別的宗教信仰；這個數字自從二〇〇七年以來，上升了十六%。研究報告也顯示，在二〇〇七到二〇一四年之間，受訪人口中表示自己是基督徒的百分比，已從七十八%降到七十一%。[9]

就如我叔叔巴塔所說，一個有分歧的軍隊，就是一個已經被征服的軍隊。所有教派和非教派的基督徒們必須要結合起來。我們必須要接受，成為基督的跟隨者，並不是為了某個教

9 參見皮尤研究中心「宗教與公共生活」論壇，〈美國宗教變遷現況〉一文，二〇一五年五月十二日。相關內容亦可見網頁：www.pewforum.org/2015/05/12/americas-changing-religious-landscape.

會的品牌，一個牧師的異象大過另一個的，或是誰的教義才是對的；而是關乎聖靈的大能、天父上帝與祂兒子的愛。

我們必須要專注在一個事實上，那就是，我們在地上都有一個共同的主要使命。你一旦看見主的美善和經歷祂的愛與平安，你就會想要讓每一個人都能經歷祂。沒有一個基督教會或是牧師，能獨自擁有通往永恆救贖的鑰匙，因為這把鑰匙在上帝的手中。我們在地上服事祂，我們的工作就是要帶領人們到祂的門前，越多越好。而為了做這件事，我們必須聯合彼此力量，以達到最大的成果。

以弗所書 4:11-13 說道：「他所賜的有使徒，有先知，有傳福音的，有牧師和教師，為要成全聖徒，各盡其職，建立基督的身體，直等到我們眾人在真道上同歸於一，認識神的兒子，得以長大成人，滿有基督長成的身量。」（NIV）我們的使命是要接觸那些失喪的靈魂，而如果我們一起合作的話，我們就能夠接觸到更多的人。假如所有基督教會都能注入他們的資源，還有什麼力量能比這樣一個上帝的招募軍團更大呢！

我們這一群擁有相同信仰根基的人，已經迴避彼此太久了。現今，幾乎沒有太多教會能彼此對話。許多教會有外展計畫，但彼此聯合的行動卻非常少，而結果就是，沒有辦法追蹤計畫進度或是計畫不足之處。

需要更多的憐憫與服事

有位牧師朋友告訴我，他的女兒領養了一個經歷過許多痛苦折磨的非洲小孩。這個孩子曾經受過虐待與被遺棄，需要專業的輔導，但是他們找不到一個有信仰根基的輔導組織，來幫助她克服憂鬱、恐懼和創傷。最後他們轉去參加別州的非信仰療程，而且費用非常昂貴。

那位牧師女兒問了一個我曾經也想過的問題：為什麼我們的教會沒能在自己的社區裡，為這種迫切需求提供服事？以往我們在有需要的時候，都會向教會尋求幫助，曾幾何時，服事社區的這個想法，再也不是許多教會優先考量的事了。大多時候他們好像只是專注在如何增加會友數量，和如何買進不動產來蓋越來越大的教會建築。

如果我是那位牧師，我會想要讓我的會眾和社區先主動來找我。我會想要把我的教會變成最終極的社交服事媒介，不只是給會友們，而是給任何需要協助的人。我被這位牧師女兒的故事深深打動，我花了好幾個小時的時間，彙編了一整個清單，內容包含教會在每個社區中應該服事到的上百種痛苦與需要，他們能透過互助合作及注入他們的資源來完成這些事。

我住在加州的文圖拉郡，在那裡有超過一百間教會。你能否想像，如果他們能夠全部連結一體，並為他們的會眾和鄰近社區，創造出一個有藥劑師、心理醫生、輔導人員、護士、醫師、理財規劃師、稅務專家，以及其他服務提供者所組成的連結網絡，所能彰顯的神醫治工作有多大嗎？為什麼我們要讓政府承擔所有重擔呢？醫治與幫助那些有需要的人，不應該是神的工作嗎？

在馬太福音 9:28-29，我們看見耶穌進了房子，有一群瞎子來到祂跟前，想得著耶穌的醫治。耶穌問他們：「你們信我能做這事嗎？」那些瞎子說他們相信祂醫治的大能。耶穌然後摸了他們的眼睛說：「照著你們的信，給你們成全了吧！」

耶穌是充滿憐憫的。祂站在門前並且等著我們打開門，所以祂可以來愛與醫治我們所有人。祂愛所有的陌生人，甚至是祂的敵人。我相信所有的教會都應該擁有與耶穌相同的憐憫，盡其所能地去醫治與協助每一個來到他們面前的人。我們不應該期待任何其他人來為我們做上帝的工。

眾教會需要服事那些忠心和還未得救的人，這就是一種外展，一個帶領更多上帝的孩子進入祂羊群的方法——透過服事他們的需要，和讓他們看見上帝的憐憫。這個世界說我是一個沒有手、沒有腳的殘障，但是對我來說，一個不去尋找需要幫助的人和滿足他們所有需求、餵養他們信仰的教會，是一個殘障的教會。如果我們想要人們歡迎耶穌基督進入他們的生命裡，我們需要讓他們看見，祂是如何在他們的生命中工作的。

肢體雖多，仍是一個身子

耶穌並沒有告訴我們要盡其所能地建造一個最大的教堂。祂說的是我們要服事祂的孩子們。我不想要成為這個國家裡最大教會的牧師。我會很開心地在一個對所有需要救恩的人敞開的帳篷裡，做祂的工作。上帝告訴我們，要帶領靈魂到祂的面前，而我們只需要在這件事上想得遠大就好。

就如身子是一個，卻有許多肢體；而肢體雖多，仍是一個身子；基督也是這樣。我們不拘是猶太人，是希臘人，是為奴的，是自主的，都從一位聖靈受洗，成了一個身體，飲於一位聖靈（哥林多前書 12:12-13，NIV）

我們的使命，應該是要去接觸所有仍需要透過這口飲水，以走向永恆救贖的人們。地球上目前有大約超過七十億人口。據估計，其中有二十億二千萬人是基督徒，也就是全部人口的三十一點五％；而天主教徒則有五十％；新教徒和無教派教會大概有三十七％；東正教教徒十二％；伊斯蘭教人大約有十億六千萬人，據說他們是目前成長最快的宗教團體，而許多人預估他們的數字會在未來幾年內超越基督徒。[10]

我們的工作已經很明顯被勾勒出來了，我之所以知道我們做得到，是因為我已經看到許多多元的教會和會眾之間，這幾年來逐漸增加的連結合作。我特別對史蒂夫（Steve）和芭芭

10 湯姆・赫尼根 Tom Heneghan 著，〈根據皮尤研究，在基督教、回教之後，「不信教」是世界第三大宗教團體〉，收錄於《哈芬登郵報 *Huffington Post*》二〇一二年十二月十九日。全文亦可參見網頁：www.huffingtonpost.com/2012/12/18/unaf liated-third-largest-religious-group-after-christians-muslims_n_2323664.html.

拉・泰爾策羅（Barbara Telzerow）的開放式帳篷行動特別印象深刻。他們是國際基督教教會（International Christian Fellowship）的牧師，位於斯洛文尼亞的盧布爾雅那。他們的教會雖然小，但願景卻很遠大。[11]

幾年前，他們邀請我去他們主辦的一個國際外展活動上演講。這場活動連結了十七個斯洛文尼亞教會，包含新教會、東正教會和無教派的教會一起。在一個只有兩百萬人口的國家中，有超過一萬七千人前來參與。

史蒂夫也是一個支持「大帳篷」概念的人。就歷史上來說，斯洛文尼亞的眾教會並沒有一起合作過，而且彼此也幾乎沒有互相聯絡。史蒂夫對於上帝引領我來到這裡非常地感動。因為他知道他需要所有能聚集的人，一起站在甲板上掌舵。因此他開始探訪許多牧師、建立橋樑、修復柵欄。他把饒恕與和解帶入了各個教會。現在他們有固定的聚會，並且共同尋找各種方式來注入資源，一起攜手同工合作。他們成為一個團隊，一起將我帶到他們當中，傳講耶穌基督的福音。

他們在斯洛文尼亞目前已走到了一個階段——要聯合形成一個團隊，並且可以坐下來一起討論如何讓他們的十七個教會行動起來，一起傳揚福音。他們可以在如何門訓門徒以及看見他們成長與擴充上面，達成共識。他們希望自己國家裡的福音佈道信徒能增長兩倍。斯洛文尼亞的學生們剛開始上學，首先被教導的其中一件事就是，向普林莫斯・楚巴（Primoz Trubar）致敬。他是第一個斯洛文尼亞新教教會的管理人：「我希望你們明白耶穌的真理智慧。」在這個國家，他們有很悠久的信仰分享歷史。

與一位總統的同心禱告

二〇一六年我在斯洛文尼亞的那一次五千人勵志演講，被播送到他們國家的每一所中學。他們全部課程都暫停，看著斯洛文尼亞總統，博魯特・巴荷（Borut Pahor）介紹我出來。因為是國家政府部門贊助我的演講，所以我必須要專注在勵志啟發的角度，多過於以福音佈道為主軸導向。但是在私下與總統會面的一個半小時裡，我與他分享了福音。他想要我為他的國家禱告，甚至雙膝跪下。同時我們也一起為美國禱告，這讓我們非常感動。他說這是第一次有外賓與他在辦公室裡一起禱告。

國際基督教教會的史蒂夫・泰爾策羅當時也在場。他提到二〇一七年，是斯洛文尼亞宗教改革的第五百週年，為了榮譽這一日，總統巴荷說他想要成為這一系列活動的主要贊助人。後來我在史蒂夫和芭芭拉，以及他們的事工所舉辦的一場活動中，對超過四百人演講我對耶穌基督的愛。這個活動被錄了下來並且重播，因此得以接觸到了好幾千位斯洛文尼亞人。同時我也受邀上了一個全國性電視節目，收錄了一段長達四十五分鐘的訪問。那位主持人承

11 參見網頁：https://harvestnetinternational.com/calendar/missions-conference/missionaries.

認，直到最近她還是不明白，擁有信仰到底意味著什麼。然而，在為了這場訪問作準備的時候，她讀了我的書《勢不可當》（*Unstoppable*），然後她告訴我：「這本書救了我的生命。」哇！聽見這個真的很棒，尤其是在一個斯洛文尼亞全國播放的電視節目上。她告訴我，我的書幫助她了解信仰並不是一個單純的哲學，而是一個相信的生活方式——照著我們相信「主耶穌基督是我們的救主」的信仰而活。

她看完了我的書，並且想要尋求被醫治、被恢復，和找到上帝對她生命的計畫。她一直以來都有心痛的毛病，但上帝介入並且填滿了她心裡的空虛。她深受這個經歷觸動，並且很優美地表達了出來。這個訪問過程非常棒，是我在全國電視節目上所曾有過的最深入的一次信仰對談。

我講述了我在斯洛文尼亞的經歷。他們讓我看見各個教派的基督徒，同心協力在一個帳篷裡合作所帶出的益處。史蒂夫和芭芭拉完全沒預料到，他們努力把我帶到斯洛文尼亞，會因此帶來與他們的領袖如此有意義的會面和電視訪問，而這也成為我最公然表達信仰大能經歷的其中一場活動。談話裡一切的重點，都是關於如何引起更多的效應。

當我們一起同工分享信仰時，上帝就會介入，並且祂做的工超乎我們所求所想。我相信這是因為祂想要鼓勵我們，放下這些微小的不同和意見，並且專注在更重要的使命上，也就是拯救未信主的人，把他們的靈魂帶到天堂的門前。

宣告信仰，讓其他人能聽見

在我認領的國家中，也看過在基督徒同心合一下，同工的大能。我親眼見證了許多顯著努力，其中一個是「宣告」（Proclaim）敬拜使團。這是一個非營利組織，他們擁有的使命是，在印第安納州麥迪遜郡，把眾教會連結在一起，帶給社區更多益處。教會的領袖們：蓋瑞・歌德比（Gary Godbey）、比爾・歐布拉斯（Bill Obras）、布萊德・韓德森（Brad Henderson），以及其他大帳篷的基督徒們，為了進行外展活動的事工而成立了這個組織。「宣告」敬拜使團和它的會員們，都全心致力於完成大使命。正如我的朋友傑・哈維（Jay Harvey），彭德爾頓基督教會（Pendleton Christian Church）的資深牧師所說：「他們把眾社區連結在一起，一起見證好消息真的是非常美善。」

為了要籌辦一個復活節服事活動，他們努力了好多年，而我很榮幸受邀為這場活動演講。當地附近十五間教會的會友們都參與了這場活動，每一個人都感受到，那一天發生了很獨特的事。為了要讓超過一萬五千人的超量群眾都能參與，他們其實辦了兩場服事，但因為裡面沒有足夠的座位，使得有些人必須透過中學體育館播放的大螢幕來觀看。根據估計，那一天，將近有一千人把他們的心交給了耶穌。

下面我就讓哈維牧師來告訴你那一天所發生的事。最重要的是，他也會分享自己很晚才認識耶穌的信仰路程。也感謝他這麼愛打籃球（籃球應該是印第安納州第二大宗教信仰吧），我才有機會聽到這個故事。

當力克在復活節活動那一天站上台後，我馬上就被他的幽默吸引了。這是我第一次聽見、看見力克本人。大部分演講者都會預設，認為他們需要先透過一些好笑的梗或是說笑話，來與觀眾之間破冰，但這總是會讓我替他們感到緊張。你可以是一個很棒的福音演講者與溝通者，但卻可能不太知道怎麼幽默或是說笑話。但力克不是這樣的！他的自嘲幽默和說故事的能力非常棒，就好像我們都坐在他家客廳裡，聽著這個上帝的孩子分享他真實的內心一樣。

力克和我的第一次合作，是透過蓋瑞•歌德比（「宣告」敬拜使團的主席）。他與力克一直有維持聯繫。當時，我已經是印第安納州彭德爾頓大間教會的資深牧師，這個教會同時也是蓋瑞參與聚會的教會。我的故事和我與人交流福音的風格，剛好與力克完全不謀而合，並且我也能夠對他正在努力的事情產生幫助；也就是透過他的「堅定地站立」（Stand Strong）反霸凌巡迴演講，來接觸印第安納州的學生們。

力克和我建立了一個非常堅固和互相信任的關係。當我被邀請跟力克合作，並且幫助他在學校或監獄裡傳福音的時候，我盡我所能服事他。

我並不是從小在教會長大的。事實上，我小時候唯一會去教會的時間，就是在教會籃球隊上打球的時候。我發現我就像在此生的許多其他人一樣，不斷在找尋一個東西，但始終沒有發現那就是耶穌。

到了三十歲的時候，我已經結婚並且有兩個小孩，而我和太太，還有我的孩子們就是在這個時候開始上教會。我聽見了福音，並且持續回來想要得著更多。現在我知道我想要得著的，其實就是上帝的良善和祂後來對我的呼召。在幾年之後我終於投降，並且將我全部的生命都交給了耶穌，接受了受洗。我的酗酒問題在祂裡面得著了醫治釋放。自從一九九九年四月二十五號受洗之後，我就再也沒有喝過一滴酒。

我現在作牧師已經有五年，但其實我已寫信息和講道超過十年。我的事工和我的呼召就是要來服事教會，而且只在幫助他們了解自己的責任上；他們有使人和睦、饒恕，和用一種與這世界上不同的愛來愛人的責任。

當基督的身體，透過從上帝而生的機構事工，以及尋求神的人，而聚合起來的時候，從中所結出的果子是無可置疑的。身為一個牧師，我很愛與這樣的輔導機構維持如此緊密的關係，因為我知道我可以信賴「宣告」敬拜使團的事工，來幫助我與其他事工一起同工，並且透過基督接觸更多人。「宣告」敬拜使團是屬於上帝的，而他們正在改變人們的生命。

是時候用新鮮的方法了

我之所以要分享這些很啟發人心的故事給你們，是因為我相信我在斯洛文尼亞和印第安納州的朋友們，正在做的是很關鍵性的重要工作——也就是「上帝的大使命」。我相信對於現今基督教的狀態，我們必須作一個很誠實的評估。上帝家中的孩子們絕對不能有分歧。

我支持所有教派和所有非教派的人，我支持福音和天堂的國，我們全部的人，都需要彼此。哥林多前書 12:12 告訴我們：「就如身子是一個，卻有許多肢體；而且肢體雖多，仍是一個身子；基督也是這樣。」

我們都是從同一位聖靈受洗。在幾節經文之後，使徒說：「設若腳說：『我不是手，所以不屬乎身子』，它不能因此就不屬乎身子。設若耳說：『我不是眼，所以不屬乎身子』，它也不能因此就不屬乎身子」（經節 15-16）

我們都是基督身體的一部分，而在地上，這個身體在美國正在逐漸衰退。根據皮尤研究中心顯示，主要的新教教會會眾，從二〇〇七年大約四千一百萬人，下降到二〇一四年三千六百萬人。而今天，他們的會眾平均年齡為五十二歲，並且正在逐漸高齡化。在天主教教會中，這個衰退更嚴重。在過去十年他們失去了三百萬的會眾。各個神學院也正在失去招生數量，很多學校甚至被迫關閉。[12]

除非跟隨我所提供的這些例子的腳步，不然我擔憂我們將失去下一個世代的信徒和屬靈的領袖們。我們需要重新整頓、思考和整合我們的努力，把未信主的人帶向耶穌基督。

許多教會正在做很多很棒的工作，但多半時候他們都只專注在牆內，而不是牆外的部分。他們如此致力於保護自己的地盤，或是執行教義，或是建造最大的帝國，但卻忽視了最關鍵的使命。他們非常保守和與世隔絕，而不是敞開的。他們是在自給自足，而不是服事上帝。

有關福音的教導，在這當中並不是很足夠。太多的教會推動團契，但是對於未信主的人的福音佈道、牧養及指導新信徒，或是對還未與上帝建立個人親密關係的基督徒，做得不夠。太多人在招募新會友時很熟練，但是在世代與世代之間所持有的紮實核心上卻是失敗的。太多的教會與會友有的是交易上的關係，而不是生命改變上的關係。

教會的會友正在日益減少。未信主的人不進來教會，我們就必須出去找他們。我們必須給予他們資訊、動力，和啟發他們路上跨出的每一步。我們不能只是誘導他們進來，然後就期待他們會持續投入；而是要給他們所有必要的支持與鼓勵，來建造一個紮實長久的信仰根基。我們必須幫助他們一生走在這條道路上。

12 參見皮尤研究中心「宗教與公共生活」論壇，〈美國宗教變遷現況〉一文，二〇一五年五月十二日。相關內容亦可見網頁：www.pewforum.org/2015/05/12/americas-changing-religious-landscape.

我對牧養基督徒的哲理是：

- 一個健康的教會，了解接觸失喪者與信徒的重要性，並且會主動去找他們。
- 我們必須要把他們當成獨立的個體，給予一對一的教導、牧養，支持他們開始與上帝一起同行的路。
- 我們必須幫助成熟的信徒，看見可以如何透過讀經維持信仰，因此他們可以與上帝建立一生的個人關係。
- 我們必須要教導那些老師，並且帶領引導下一代的基督徒領袖。
- 我們必須要用愛來服事社區裡的所有人，如同耶穌所做的。
- 我們必須創造敬拜的屬靈氛圍來服事人，而且是在神的道沒有被妥協犧牲的情況下。
- 基督徒的社區群體，應該要努力成為每個鄰里、城市、州和國家的盼望來源。
- 我們的教會不是社交俱樂部。教會是上帝軍隊在場上的指揮總部，正因如此，教會應該是最有包容、最無論斷、最敞開歡迎的所在，是這世界心靈指導最主要的來源。

在最後的晚餐之後，耶穌對留下來的十一位門徒說了告別的話。在耶穌上十字架前那天晚上，告別的最後，祂向父禱告門徒們的合一：「使他們都合而為一；正如祢父在我裡面，我在祢裡面，使他們也在我們裡面。」

祂是我們的父，而我們是祂的孩子，所以不管你我之間有多麼不同，都必須找到方式來一起服事祂。當我看著我的兒子們為了玩具而打架的時候，我會心痛，我想要他們在我們共同享有的這個家中，玩在一起，互相愛護與支持彼此。我相信，當我們這群基督的孩子們在爭吵與相互排擠的時候，我們在天上的父一定也會心痛。

我們需要讓聖靈有機會與空間來引導我們。我們都是祂手中的器皿。我們需要在彼此的共同點上合一，而不是不斷發現彼此之間的差異。耶穌拯救了我們，祂是主。而外面還有許多失喪的人，我們必須聯合基督徒的力量，找到各種方式來向外接觸那些失喪的靈魂，並且拯救他們。我們需要走出去，走到世界的四個地極，使萬民皆作主的門徒。

大使命

我一直在做一個重複的夢，就是有一天我會站在神的面前，而祂會問我兩個問題。

第一個是：「你認識我嗎？」

第二個是：「你帶了誰來到我面前？」

我覺得第一個問題是為了確立基督徒的身分而問的。第二個則是要看我是否完成了所有基督徒們在地上最主要的使命。在馬太福音 28:18 裡，死裡復活的耶穌站在加利利的一座山上，吩咐祂的跟隨者出去，並且奉父、子、聖靈的名給萬民施洗。祂在馬可福音 16:15 也告訴我們要「往普天下去，傳福音給萬民聽。」

耶穌基督，我們復活的救主，所給的這個方向被稱為「大使命」。我已經把這個當成我的使命，而我也鼓勵每一個我所遇到的基督徒，以及每一個我去過的教會，將此視為每一天最中心的目的。有一個大教會曾經問過我，該如何找到訣竅要點，讓更多會友加入教會。他們特別詢問我是否認識任何有力的老師，可以接觸到年輕世代的會友們，並且大量吸引他們進入敬拜事工。

不久之後，另外一個教會的領袖告訴我，他們的教會在經歷幾年的快速成長之後，突然間趨於平緩。這位牧師也在思索，該如何擴增並且使會友穩定下來。

我對兩間教會領袖們的回應就是，對於數字的增長我並不很感興趣，我感興趣的是靈魂。我相信身為基督徒，我們主要的使命不應該是建造出最大的教會，並且把教會塞滿信徒。我的目標是去接觸未信主的人，還有那些還沒有聽過好消息的人。

我要給各地牧師們的鼓勵就是：在同一個帳篷之下，完成這個主要的任務——大使命。當然，我所指的不只是我自己的帳篷而已。對於想要一起同工的其他信徒來說，我的大帳篷佈道會是一個例子。

許多教會的領袖們，都向我訴說了同樣的挫折，因為他們不知道該如何接觸那些尚未接受耶穌基督成為救主的人。他們掙扎著該如何賦予教會會友能力，去牆外分享他們的信仰。太多會友覺得，他們的責任就是單純地每週參加主日，讓自己的靈魂被餵養而已。但我會鼓勵他們一定要走出去，把握每個機會與未信主的人共餐和相處。

為了幫助那些還在尋找方法，想帶領更多上帝的孩子回到祂羊群中的眾教會，我想出了九個完成大使命的鑰匙。這些僅僅是根據我過去與別人分享耶穌，盡可能使人作主的門徒經驗，而作出的一些建議。

①接觸那些失喪的人，並且教導他們如何傳福音。

當我開始把我的生命交給耶穌之後，我很想告訴全世界，耶穌是又真又活的！我感受到的平安是非常難以置信的。我感受到我的靈魂被恢復了，而且生平第一次，知道了我的身分和存在的真實意義。我知道我在上帝裡的命定，完全超越我所求所想、所能達到的一切。

所有的基督徒們都應該對於分享自己的信仰感到興奮，而所有的教會都應該一起同工，向外接觸那些還沒有找到信仰的人。他們需要明白進入神的家是完全沒有阻攔的。當耶穌進入我們生命裡的時候，祂就全然解決了所有的罪與癮。祂不會給那些鼓勵他人接受耶穌的人定罪。我們想要每一個人知道上帝愛他們。

這世上沒有任何事比盡力、盡性、盡心與靈，來認識神與愛神這件事有更大的意義了。第二個最大的意義就是要，愛人如己。你可以透過幫助他人找到他們的價值、意義與命定，來讓人看見這份愛人如己的愛。

②教導基督徒們餵養自己：閱讀、考察，並且禱告。

這裡指的並不是真的餵養他們，而是關於如何建造一支忠心的軍隊，來回應呼召與服事那些還未歡迎耶穌基督進入生命裡的人。很奇怪的是，這麼多的基督教教會雖然有共同的目標，但他們鮮少彼此連結溝通，而且更少看見他們一起同工來為共同的目標努力。

③服事在地社區

我時常覺得基督教教會，是這世界上最失能的信仰團體之一。有時候我會進入一個有八個教會的縣郡，他們在某些事上可能會三、四間教會一起同工，例如經營食物儲存室，但卻不是全部教會或是大部分的教會，會在社區經營的努力上面一起合作。你想一想，如果他們全都一起同工合作，可以發揮多大的效力，帶領多少靈魂到耶穌面前呢！

④教導初信主的基督徒

在人們接受信仰之後，教會幾乎很少結合起來支持與服事這些初信主的人。他們不會繼續給予澆灌栽培，並且幫助他們在信仰裡成熟。你不能期待一個人在週日主日裡回應了一個呼召後，就馬上能很深層地了解成為一個基督徒的責任與祝福。在初信者與基督徒之間，必須建立起一座橋樑，這樣子他們才可以對神的話語有更多的理解，並且能在這上面成長。

⑤教導信主之人餵養其他人

我們這些在強盛的基督家庭裡長大的小孩，其實非常幸運，因為我們的父母會在信仰裡培育我們；透過閱讀聖經給我們聽，以及解釋經文裡的意義等。他們同時透過活出十誡的生活樣式，成為我們的導師與榜樣。這樣的家庭教育種下了一種渴望，讓我們想要餵養其他渴慕神的道的人。教會需要更活躍投入於創造下一世代的基督徒引導者、導師與榜樣，而他們透過彼此合作可以達到最大的效益。

⑥營造出一個吸引人的敬拜氛圍

我從小在一個很傳統的教會中長大，雖然有一些年輕人覺得這氛圍不是很吸引人，但是我們會唱富有濃厚傳統意味的聖詩。敬拜的最終目的，是為了要讚美神，而我們只是透過歌唱來放大祂的榮耀。我們在祂裡面歡呼讚美，敬拜祂，並且透過身為信仰裡的一家人，告訴祂我們有多愛祂，並獻上感謝。我不想要這個目的被掩蓋或是流失。我擔心有些教會迷失在彼此競爭誰比較虔敬與更有榜樣的事情上，而失去了對於愛神、分享這個愛，與傳承這個愛的專注重心。說到守主日，每一個人都有個人偏好。我相信我們都想要經歷一個與神的親密關係和成長。當我們一同來到祂面前敬拜祂的時候，我相信上帝會有更多的喜悅。祂居住在祂子民的讚美裡。我覺得一起敬拜能讓我們一瞥天堂的樣子。而所謂天堂，就是出現在當有一天我們能與自己信仰的原創者——上帝——面對面敬拜的時候。

⑦發揮門徒們的恩賜才能

我鼓勵教會領袖們把會眾看作是一支福音佈道的軍隊，他們擁有在世界裡能被辨認出來與被調配的豐富知識、才能和天賦。我們有多少福音的使者正在外面傳福音？有多少人知道福音並且可以用吸引人的方式教導出來？每一個教會裡有多少位輔導者、聆聽者以及鼓勵人的人？我們必須充分運用我們的人力資源，並且開啟他們的才能，來建造上帝自己的軍隊。

⑧成為社區裡最大的免費資源

我迫切地想鼓勵每一個社區的教會領袖們，傾注所有努力來變成最大的資源供應者，給那些需要的人；無論是食物儲存室、婚姻輔導、反霸凌計畫、預防自殺計畫、青年活動、長青計畫、健身課程、幼兒照顧，或是任何其他可能的供應。有什麼比分享我們的祝福，給那些還沒經歷基督徒生活所帶來的喜樂與滿足的人，還來得更好呢？

⑨做好我們真正的使命

有些牧師想要成為商人，他們發展出企業ＣＥＯ的思維，專注於不斷成長，專注於如何能使自己的教會變得更大，把這件事當成一場競賽一樣。這不是一場競賽。我相信在財物與同工方面，健康的非營利組織的運作方式，應該成為任何教會的經營方式。教會不是一個商業機構，教會是神的家；而教會領袖們需要專注在邀約人來教會，越多越好，並且確保他們能感到足夠舒適，在永生裡待下來。

10 在信仰裡的冒險
Adventures in Faith

過去的十五年裡，我飛遍了世界各地，一共飛了三百萬英里；以面對面或是電視同步播放的演講，對超過六十三個國家六億餘人說過話。我同時也很榮幸地與十六位總統、總理，還有其他國家元首們會過面。

我可能不是因為分享信仰的這個特定目的而飛到那些國家，但這並沒有阻止我完成我最重要的使命。我一直都在尋找方法，來接觸那些可能還在尋找前往天堂之路的人，並且讓每一個人知道，我很願意引導他們來到耶穌基督的面前。但當我在那些普遍對於基督徒或佈道家不開放的國家裡時，我會比較謹慎一些。那些帶我來到這些會場的統籌或是承辦人，其實也在冒著極大的風險，所以我必須為了保護他們，而依從我們最初的協議。我不想要因為我說了什麼或做了什麼，而讓任何人受到懲罰或是必須為此負責。我試著不破壞他們對我的信任與信心。

如果招待我們的政府，不想要我聊到我的信仰，我通常就不會提——除非有人在開放問答或是媒體訪問的時候問到我。只要被問到問題，我通常就會自由地回答。有時候我會提示他們，可以問我某些特定的問題，然後我就會把握機會來分享一點信仰。

在二〇〇八年的時候，我受中國官員邀請，去對大學生們做一個預防自殺的活動演講。在演講結束後，開放讓觀眾發問。有一個學生問我關於身為基督徒的問題，在我回答的時候，另一個人開始大聲哭泣，並且放聲對我說：「你是如何去愛這一位，讓你出生沒手沒腳，帶給你一輩子痛苦的神？」

這真是一個完美的問題！我一如既往地回應了這個問題。我告訴他和其他的學生們，我們沒有一個人是完美的，在某種程度上，我們的生命其實都有破口，或是破碎的。答案其實就在於，我們要把破碎的碎片交到上帝的手中。我相信祂創造我們的計畫，會藉由時間逐漸被顯明出來。

我在「沒有四肢的人生」裡找到了我的命定。上帝引導我走向一個沒有限制的生命，而我缺少四肢的這件事，提供了一個平台，一個入手處，來切入關於上帝、信仰與盼望的談話。我後來學習到，雖然上帝可能不會給我一個我一直以來都在尋求的奇蹟——賜給我四肢，但他卻使我成為許多其他人生命中的奇蹟。

我的使命並不是關於如何獲得我的四肢，而是在於幫助人們擁有被贖回與被恢復的生命，使他們因此能活出命定與真理，並且接受耶穌基督成為他們的救主。

我把這些機會當作教導的好時刻，但，我會試著不讓任何人陷入麻煩或是覺得被冒犯。

有一次在巴拉圭，我在不應該傳道的狀態下傳了一些道，然後觀眾席裡有一個人大聲喊出來：「我們可以確保他或其他任何人不要再講到上帝嗎？」

哇，這真的不是一個一般人會有的反應欸！通常當有人試著激起、誘導我進入一場政治辯論，或是意圖攻擊我的信仰時，我會採取外交的方式回應。我會告訴他們，上帝愛他們，就如同祂愛我們所有人一樣，而我承諾會為他們禱告。愛征服一切！

我時常會被邀請去對青少年們演講關於霸凌的危險，或是告訴他們自殺並不是一個選擇，因為上帝愛他們，並且永遠在他們的身邊。有時候我會被邀請到一些國家成為殘障人士的擁護人。

無論我是為了什麼理由被邀請去的，我都會邀請我所遇見的觀眾，以及政府官員們跟我一起禱告，或是讓我為他們禱告。因為這個舉動，讓我曾經經歷過一些非常有趣的對談，包括一次特別值得提及的經驗，也就是我在接下來的章節裡會談到的，與馬其頓總統的會面。

走到頂端

我從來都不知道與國家元首會面會有什麼樣的狀況。有時候他們會很溫暖，而且很真誠地想要分享他們的信仰與想法。有些時候他們會比較有距離感與敷衍，而且完全不想進行雙向對談。我懂。這些都是一群非常重要與忙碌的人，而且他們肩負許多重大責任，各種複雜的事佔據了他們的心思，他們沒有時間可以悠閒地與訪客閒談。

通常如果他們對於我的影片與書籍熟悉的話，會願意空出行程表的一小部分時間與我會面。有一些領袖告訴我，他們最一開始知道我，是因為他們的孩子曾經給他們看過我的書籍、YouTube 上的影片，或是我的臉書頁面。

匈牙利的總統艾德・亞諾什（János Áder）與夫人安妮塔・赫（Anita Herzegh），擁有三個女兒與一個兒子，他們就是會把我介紹給父母的孩子。我在二〇一三年世界外展（World Outreach）巡迴的二十六個國家的其中一站，與他們碰到面，當時我立即感受到他們真誠的愛與對國家的關心。我們有過一段很深入的對話，關於他們對上帝的愛，以及透過祂的幫助能服事他們人民的渴望。

他們給我的印象是非常聰明，同時擁有非常純潔的心，而且很真實。他們承認自己需要上帝，而這就是智慧的開端。我們必須知道祂是真的，知道我們需要祂，並且應該要在所做的每件事上尊榮祂，所以祂能藉此回應祝福我們。

當然，並不是每一位國家元首都是基督徒，但如果他們給我一個機會，能夠成為他們以及他們人民的正面榜樣，我會很感恩能與他們會面。當他們願意花超過幾分鐘的時間跟我交談時，我發現我們的對談可以變得非常深入與感動。但偶爾，在他們離去之後我會不禁搖頭，思索著剛剛到底發生了什麼。

不太好的時機點

可能在以上這些會面中，他們都在表達一些他們世界裡我無法理解的事，或是在試著讓我稍微一窺他們腦子裡正在思考的事。二〇一六年春天，我與馬其頓總統，格奧爾基•伊萬諾夫（Gjorge Ivanov）會面的那一次，就是這個樣子。我為此會面機會十分感恩，特別是我一直都很想花更多的時間待在馬其頓，因為這是一個非常美麗與充滿歷史的國家，如同塞爾維亞一樣，都曾經是前南斯拉夫共和國的一部分。

即便如此，這次探訪的時機點並不是非常好。當時這個國家正在經歷一段極大的動盪。在我抵達馬其頓的前兩天，數百名移民和難民試著衝破馬其頓與希臘之間的國家邊境圍欄，與邊境保衛部隊起了暴力衝突。

隔日，在馬其頓的首都斯科普里，示威者又引發一陣暴動，因為總統伊萬諾夫赦免了因涉嫌竊聽兩萬多公民和其他罪行，而被調查的六十名官員和政客，使他們感到憤怒不滿。抗議者們甚至洗劫了總統的辦公室，並且試圖縱火，最後沒有成功。（他後來撤銷了赦免）

當然，這些事讓我感到更加緊張。我是為了馬其頓有史以來最大的福音佈道外展活動而去。在當地，東正教基督徒是最大的宗教團體，其次是穆斯林，他們幾乎佔了總人口的三分之一。我們聽過一些報導，說到官員與記者們對於佈道家所提出的一些懷疑，並且對於我所將要傳講的內容充滿敵意。

因為擁有一段很長的艱辛歷史，我認識的一些馬其頓人，有時會比較固執而且多疑。因著這所有動亂與對於赦免的批評，我預計總統伊萬諾夫會直接取消會面，但是他卻沒有。

在會面的時候，大約五千名抗議者佔據了國會大廈的台階。這個氛圍，與總統伊萬諾夫給我的反應，和前一站塞爾維亞比起來，有極大的反差。在塞爾維亞，我被一個與我的姓氏非常接近的高階官員，總理亞歷山大•武契奇（Aleksandar Vucic）歡迎接待。（他的姓氏比我少了一個英文字母j。就我所知，他與我沒有血緣關係。）

總理武契奇與我有一段投入、開放又坦率的對談。那真是一個很美好的聚會，也是我與所有國家元首的會面裡，最好的經驗之一。我們聊到了塞爾維亞的教育制度，西方國家的政治風向，與在現今世界裡成為一個領袖會遇到的挑戰等。我對他的謙卑與溫暖印象非常深刻。

我們聊了足足有一個小時，而且是一段很真實的對話。他聊到年輕人教育與激勵塞爾維亞企業家的重要性。同時他也反思了身為一國領袖，所遇到的許多挑戰。我雖然並未認同他在執政上所做的每一個決定，但是他的信念似乎來自於他的內心，而不是他的自尊。在我為塞爾維亞與其他國家年輕人禱告時，他深表感動，眼眶裡泛著淚，而我也同樣感動。

一個學習的經驗

我與總統伊萬諾夫的一小時會面則完全不同。他表現得像是一位在授課的教授，這其實也很合理——他擁有一個博士學位，曾經領導過一所法學院的政治學系，並且在世界各地的眾多大學，包括美國耶魯大學神學院裡授過課。在我們對談的當下，並沒有太多意見交換的空間，也許我當時應該要舉手發言才對。

他在整個會面過程裡開啟了授課樣式，聊到他的人生與哲學觀。他強調，我必須擴充我在屬靈根基上的知識，而不僅止於閱讀聖經與基督信仰的內容。

總統伊萬諾夫提倡宗教多元化，並且與我分享他的生活哲學，關於跟大自然，譬如跟石頭樹木對話的益處。他說到我應該要停止閱讀與談論聖經，並且多花點時間在與大自然對話上面，因為這會讓我變成一個更好的人，而且會帶來好的因果輪迴。他似乎在暗示，我會成為基督徒唯一的原因，就是因為我知道的還不夠多。

這讓我無法再保持沈默，所以最終我開了口：「閣下，恕我冒昧直言，我在努力地給予貧民窟婦女們盼望。我覺得告訴他們關於上帝的愛與救贖的機會，會比建議他們跟樹說話來得有幫助一些。在還是孩童的時候，她們的父母就把她們賣進性奴隸集團裡，一直以來她們沒有經歷過太多的盼望。」

他安靜了一陣子，然後又轉換到一個很隨機的語題裡，談起關於東正教教會與他們的會友，現在已不再明白如何能啟動禱告的力量。他說曾跟東正教的神職人員們聊過此事，而他們也認同大約在四百多年前，人們不再用正確的方式說「阿門」，所以失去了禱告的大能。

我真的沒有捏造這些內容。那位馬其頓高階官員接著展開一段很冗長的解釋，關於如何正確地說「阿門」，才可以全然啟動禱告的大能。在他不斷用不同方式解釋的當下，我試著不笑出來，但我一直在很大聲地用吟唱聲說：阿～～～門！

我很努力地試著保持正經的表情，在總統伊萬諾夫一再強調如何正確說「阿門」時；為了要完全發揮這二個字的力量，以達到上帝的耳朵裡，發音一定要拉長，並且要剛剛好維持五三九分貝的音量。不知為何，這讓我不禁想到，如果我的「阿門」說得剛好比這個音量高了幾分貝，究竟會發生什麼事？鴿子們會不會開始從天上掉落下來呢？

這位腹背受敵的領袖，彷彿覺得他正在用豐富的知識啟蒙我，而我也沒有試圖再去說服他。儘管我被認為缺乏智慧又世俗，拒絕跟樹叢說話，他仍然邀請我去他的青年領袖營對他們演講一天。他還順帶提到，前一個客座演講者是達賴喇嘛。我一直在想，這位西藏的藏傳佛教領袖，是否也上了同樣的一堂課，關於如何正確地說「阿門」？應該沒有吧。

最後，伊萬諾夫總統讓我為他做了一個禱告，然後他謝謝我來到他的國家談論上帝。我也為他邀請我參加他的青年營演講而感恩，就如同我敞開地接受每一次能分享信仰的機會，無論是與世界領袖們在華麗（可能有點過頭）的辦公室裡，或者是與孤兒院的孩子們在世上最貧窮的角落裡。

進入全世界並且傳道

我走遍世界的信仰冒險，並不是每一次都非常愉快。有時候也會有很可怕的經歷。在大部分旅程結束後，我回到家裡常常全身筋疲力盡，但心與靈裡卻充滿火熱，因為做神的工對我來說是非常興奮的。每當我收到與總統或總理的會面邀約時，都會感覺像是錦上添花——一個能夠帶出影響力的潛在機會。無論這個影響力有多小。

首先，我會假設有百分之五十的機會，這個會面會真的成行。他們畢竟都是一群非常忙碌的人物，我試著尊重他們的時間。通常會面都非常簡短，有一點像是比拍照留念或是歡迎寒暄再多一些的交流而已。但有些時候我會被這些高層的會面感動。在這些接觸當中，我有時甚至會大膽地想，可能我已經打開了上帝影響力的大門。

二〇〇八年在賴比瑞亞，是我生平第一次與總統會面：艾倫・強森・瑟利夫（Ellen Johnson Sirleaf）。她受教於哈佛大學，並且是第一位領導非洲國家的女性。她的領導帶領了賴比瑞亞向前跨越了好幾步，脫離過去的軍閥統治、暴力與賄賂。在二〇一一年，她與其他兩個人（葉門的塔瓦庫・卡曼 Tawakel Karman of Yemen，與賴比瑞亞的雷嫚・葛波薇 Liberian Leymah Gbowee）共同獲頒諾貝爾和平獎殊榮。

在我們二〇〇八年的會面中，有一段深入與充滿意義的對談，同時我們也互相為對方禱告。她特別感謝我來到這個有許多殘疾兒童被謀殺或遺棄的地區，幫助他們提高這方面的意識。我對她的印象非常深刻，並且相信她很想要改善國家人民的生活。

在我與各國家領袖們的會面當中，其中有一次最感動和充滿收穫的經驗，發生在二〇一三年厄瓜多的卡隆德雷特宮殿（Carondelet Palace），與總統拉斐爾・柯利亞（Rafael Corea）的會面。在那場典禮的宮殿高階階梯上，我是站在他身旁的幾個榮譽貴賓之一。那次基本上就是一個一分鐘的會面，與一分鐘的禱告而已。我並未被給予機會與他有長時間的對談，但當下我們非常投契。

在那段期間，柯利亞總統承擔了些政治壓力。這位在美國受教育的天主教徒和經濟學家，當時正面臨要在他的國家裡將墮胎合法化，而其中有些原因是源於厄瓜多強姦犯罪盛行。

在總統自己的政府內部聯盟裡，也有一些壓力在催促他將墮胎合法化。在典禮舉辦時，有青少年們示威，舉著宣示他們有墮胎權利的牌子。我曾經看過一些報導寫說，提倡支持墮胎權的人，表示女人應該要有選擇墮掉殘疾孩子的權利。這在厄瓜多是一個非常敏感與多變數的議題，但我並沒有與總統談論到這個。我只有對他說我會為他和他的國家禱告。我看著他的眼睛並且說，我想要為他祝福禱告，我很愛他，也感謝他讓我來到他的國家，去影響他的青年民眾。

他答應讓我為他祝福禱告。當我禱告的時候，我看著他是否低下頭來，這也是我每次為國家元首禱告的時候都會做的事。如果他們低下頭來並且閉上眼睛，我會相信他們很真誠地想要我為他們禱告；這同時也代表他們並不害怕在大眾面前閉上眼睛，雖然這不是一個絕對性的判斷依據，但卻是一個衡量他們與基督同行真誠程度的方式。

當我禱告完之候，我張開眼睛並且擁抱他。然後我們合拍一張照片，會面就這樣結束了。九天後，他做了一個公開聲明，說只要他是總統的一天，墮胎就不會被合法化，如果國會沒有得到他的認同，要強行將墮胎合法化的話，他就會退位。

關於柯利亞總統的決定，他在一篇記者報導裡面說到，他反對任何因著嬰兒可能有殘疾，而想使墮胎合法化的努力，因為，「在我與力克・胡哲見面之後」，他覺得他的國家可以透過像我這樣的人，成就更多的事。

哇！如果我對於成為他人榜樣與努力活出沒有限制的生活的重要性，還有任何懷疑的話，這絕對會是一個很好的提醒。我想，這位總統把我視為一個，即使有重大殘疾也能在這世界上有眾多成就的例子了。

當然，有些時候與國家元首的會面，會讓我覺得比較像是象徵性的行程，與政治因素的合照，而不是真的有深思熟慮的思想交流。當我的行程被排進了一個與總統或是總理的短暫會面時，我常常會想，上帝的計畫可能會是什麼？

我在厄瓜多的經歷給了我一個答案：你永遠都不會知道，當你單純走在信仰裡面，並且全然成為上帝良善恩慈的榜樣時，能對別人帶來什麼樣的影響力。我無法確切知道，對於那位總統在他的國家裡，決定站出來反對墮胎這件事，我是否有任何影響力，畢竟他是一個天主教徒，也是一個有極高原則的男人。但也可能在這個議題上，我幫助了他，給予他更多力量與更大的使命感。

當我聽到他提及我是一個正面的影響時，我很喜樂地感恩上帝，再一次把我放在一個位置上來行祂的工作。也因為這一次的經歷，我起誓再也不小看祂透過我來影響別人的能力。這是一種謙卑，但我相信上帝那一天把我放在那裡，是有原因的；就如同祂把我帶到這個世上來，完成祂在我身上的計畫一樣。這在你身上也是一樣的！我鼓勵你敞開自己，讓上帝的同在進入你的生命裡。每一天都問祂，你能怎樣來服事祂。

順便備註，柯利亞總統後來再次連任成功，繼續為期五年的執政。在為這個國家服務長達十年之後，二〇一七年他正式卸任。我在一則新聞報導上看到，關於柯利亞總統這十年來的執政回顧。「厄瓜多帶領一百五十萬人民脫離貧窮處境，提高最低薪資達雙倍成長，國民每人平均醫療支出成長一倍，降低失業率超過百分之四，並且將社會保障首次擴大到數十萬人，這中間還包括更多其他的社會與經濟獲益。」我完全不會因為柯利亞總統的決定或成功而邀功自居，唯有柯利亞總統他自己與上帝配得一切。[13]

13 參見〈厄瓜多共和國歡慶公民革命十周年〉一文，隆鑫通（Neritam）線上網站，二〇一七年三月八日報導。相關網頁網址：https:// jagadees.wordpress.com/2017/03/08/ecuador-celebrates-10-years-of-the-citizens-revolution.

身為上帝的僕人，我想要盡可能把越多人帶到天堂的門前越好。我的旅程同時也是一種探索。每到一個地方，我都會去尋找那些最需要上帝之愛的人；我會去尋找那些被忽視，或是被國家政府不當對待的人。我為他們禱告，並且透過掌權者和政治說客們，來為那些最需要的人民做更多，並且試著帶來影響與改變。

我的希望是，把上帝的同在帶入他們的工作職場裡，於是祂可以影響他們。我相信，無論是對一個世界領袖，或是任何想要尋求一段禱告、一句話、一個擁抱，乃至想得到引導認識聖靈大能的人，我與他們的任何一場會面，都在上帝的預定計畫裡。

老實說，有時當我在一些國家元首的辦公室裡時，我真的可以聞到貪污，和看見虛榮與驕傲從他們身上散發出來的樣子。也許我在那個房間裡感覺到邪惡的存在，正是為什麼我要在那裡的原因；我要把上帝的良善帶進去，並且成為祂的代表。我總會把自己當成主的使者來呈現自己。

我告訴這些國家元首們，我唯一的使命就是要讓他們知道上帝愛他們，而且我們都需要祂的力量與智慧。我牢記著每一個決定都應該要尊榮上帝，因為如果你尊榮祂，上帝就會尊榮你。

我真的相信一個尊榮上帝的國家，會是一個深受祝福的國家。到目前為止，我還沒有到過任何不需要某種程度醫治的國家。我們都需要醫治，我們都需要幫助，而且，我們都需要上帝。不幸的是，我們身處在一個人們會自私、驕傲和貪婪的世界裡。

我拒絕過一些與領袖們的會面，因為我感覺得到他們有貪污，並且想利用我來鞏固他們在信徒中的形象。如果我不覺得可以與對方有一場有意義的交談，和成為一個正面影響，反而可能成為被利用的象徵的話，冒的風險會太大。

告訴一個總統該怎麼做或是論斷他的決定，並不是我的工作。我並沒有因為難民被鎖在境外或是赦免那些濫用職權的人，而責備馬其頓的總統。我來到他面前，就如同我來到每一個人面前一樣，帶著愛與尊重。即便如此，我一直都沒有忘記我最主要的使命就是，要在聖靈的根基上，種下信仰的種子。我禱告那些掌權者們，能有智慧與仁慈地使用他們的權利。這就是所有基督徒與國民們的使命。即便會私底下抱怨我們的領導者們，他們仍然需要我們的禱告，因為我們的國家需要他們做出好的服務。

當我與政治人物的合照被公開在網路上時，有時我會成為他們反對者的攻擊箭靶。我並沒有要為他們做的每一件事背書的意思，有時候我也不認同他們的某些政策。所以，我與一位總統、總理或是市長會面，不代表我支持那位政府官員所做的每件事。耶穌接近妓女、罪犯和罪人們，並不是因為認同他們的生活型態，而是因為祂在地上的使命，就是要來拯救失喪的靈魂，與為我們的罪成就最終極的犧牲。

曾經有人告訴我不應該去某些地方，因為那裡有許多邪惡的勢力，但是我穿戴了上帝的軍裝。這並不代表我在冒無謂的風險，因為我從來不獨自前往。我身邊擁有一個團隊，而且我有上百上千人在為我禱告。我也知道上帝的天使圍繞在我身邊，而且聖靈也住在我的裡面。

我不會把自己放在危險當中，但是我會進入黑暗的地方，發出耶穌的光，並且讓人看見在基督裡能找到那真的盼望。

成為服事的高台

如果不是親眼看過這麼多的需要，住在美國，尤其是加州，可能會使我被蒙蔽，看不見世界各處的這一切需要。在許多的國家裡，只有那些極富有的人能夠享受現代化的設施與科技。這世界上有太多的人被拋在後面，因為那些掌權者們在消耗壓榨他們國家的資源。更糟糕的是，那些有權利能力的掌權者們，拒絕幫助那些最有需要的人。

在黑山（Montenegro；另一個前南斯拉夫共和國，和我父親家族有淵源的國家），政府不允許教會或人民成立他們自己的非營利組織。在巴爾幹地區，政府對每一筆非營利組織獲得的捐款課稅，是很常有的事。這些舉動讓那些團體們變得更難提供協助給那些有需要的人。基督徒們能如何影響國家與他們的領袖呢？我們必須要走在信仰裡面，進入他們的首都，為他們禱告，並且讓聖靈來觸摸他們，把他們放在跟隨上帝計畫的道路上。

我們能做的就這麼多。我們是信差，而上帝會做其餘的一切。我試著藉由每一次出現的機會來影響和禱告，跟政府領導者們說話，成為祂的使者。我去到任何地方，都想要代表祂的良善、慈愛與正直。大部分的時候，人們能了解並且待我很好，但也不是每一次都會。

在俄國的爭議

二〇一六年是我很忙碌的一年，我甚至因為一個勵志巡迴演講而去到了俄國。那次巡迴的地點包括了葉卡捷琳堡（Chelyabinsk）、車里雅賓斯克（Yekaterinburg）、索契（Sochi）、明斯克（Minsk）和莫斯科的克里姆林宮。俄國是現今依然普遍歧視殘障人士的國家之一。百分之九十的建築物目前仍舊沒有無障礙通行設計。絕大部分的公共交通運輸我們也無法使用，包括幾乎所有莫斯科的地鐵系統。普丁總統的政府已經採取一些措施，來改善公共建築與交通系統的通道，但社運人士們仍然為殘障人士在俄國所受到的待遇，高度批評政府。

我被告知可能會有與總統普丁在莫斯科會面的機會。他一直試圖透過支持自己國家的殘奧會運動員，來表達他的政治觀點。我很渴切想要鼓勵他，將他的支持擴大到全國一千兩百七十萬殘障人民的身上。我曾經去過俄國幾次，但這一次看起來像是一個很大的機會，能夠影響這個國家最有權力的領袖。在去嘗試之前，你永遠都不會知道，對吧？盼望就是一切！

當時我完全不知道自己會落入一個極大的爭議風暴裡。事實上，這個風暴把我帶到一個國際的高度上，雖然當下我還沒有意識到。在四月十四日那天，我抵達莫斯科時，一個支持普丁的廣播電台與報社編輯，葉夫根尼・阿圖亨（Evgeny Artyukhin），寫了一篇關於我的觀點文章，造成國際騷動——但是我在抵達家門以前都沒有聽到這個消息。

這篇文章的標題是「力克・胡哲與放棄進化的革命」（不知道這是什麼意思）。在那篇文章裡他好像在表達，像我這樣的殘障人士應該要在出生時就被處死，即使讓殘疾人士苟活了下來，也永遠不應該允許他們有下一代的孩子。文章裡還有一句話，翻譯成英文大意是這樣子的：「所以我們永遠都不能讓殘疾人士爬到社會金字塔的頂端。」

這位作者後來聲稱，他只是在表達其他許多人在過去所相信的內容，而這些不是他的個人觀點。英國廣播公司 BBC 的線上網站報導：「在這篇文章裡，阿圖亨——一位此報社姐妹電台的主編——表達出他的看法，談到社會看待殘障人士的態度，在過去幾世紀內如何改變。『我們透過進化與物競天擇的過程，將我們對於醜陋、疾病、死亡的厭惡，緊緊地綑綁在一起。』他繼續寫道，『有缺陷的人不應該繁衍後代，他們一出生就馬上死亡，是比較好的方式。而我們永遠都不應該讓殘障人士爬到社會金字塔的頂端。』」[14]

阿圖亨寫道：「透過進化與物競天擇的演變，人們對於『身體畸形』、疾病與死亡本身的厭惡，已經深深植入我們心裡，」而「古代人認為在幼兒時期就扼殺殘障者是必要的。殘疾的樣本本就不該生存下來或是繁衍後代，如果他們出生後馬上死亡是最好的結果。」

他還說：「但，在大約三千年前，人們的思想中出現巨大顛覆——他們挑戰物競天擇，不想要活在這個法則之下……耶穌終止了這場革命。祂徹底將可憐窮困的人提升到成功者之上。從那時開始，至少在形式上，對『殘疾人士』的同情，變成文明裡不可分割的一部分。」

除此之外，阿圖亨似乎也在砲轟我試圖啟發人們的這件事。根據英國廣播公司 BBC 對於這件爭議的翻譯和報導，他說：「他的粉絲很熱情地重複乏味平庸的內容，如『他給了我們自信，如果他能夠成功，我們也可以，並且也會成功！』但在內心深處，他們都——或是大部分的他們都——為自己的偶像感到可憐，甚至噁心……而這並沒有什麼可怕的。」

反彈

我並沒有閱讀俄國的報紙或是聽俄國的廣播。我不會說也不理解這個語言，所以錯過了這個故事和這個極大的反彈。我後來得知，那位邀請我進入俄國的承辦人，決定不要告訴我關於這個爭議的事，因為他不想讓我煩惱憂慮。

與此同時，我在美國的員工們正在處理許多從世界各地打進來的記者電話，但因為還沒有跟我聯絡上，所以他們都回應「不予置評」，而後來也因此被理解成「力克並沒有感到被冒犯。」

那位俄國專欄作家沒有聽到關於我的消息，但他看到其他許多人寫到他，打電話給他，

14 參見德米特羅‧柔特申科 Dmytro Zotsenko，〈俄國人對於「殘障人士應該一出生就馬上死亡」此一爭議的回應〉。英國廣播公司 BBC「熱門趨勢」（Trending）線上網站，二〇一六年四月二十二日報導。相關網址為：www.bbc.com/news/blogs-trending-36085624.

並且在社群媒體上把他罵得狗血淋頭。有些人說他是個法西斯主義者，並且發起了一個線上連署運動，要讓報社開除他。根據報導，後來有超過九萬人連署。

那篇文章後來從他張貼的網站上被移除了。一份免責聲明代替了這篇文章，貼在原本的網址上，上面寫著：新聞媒體「尊重其讀者的意見」，但內容裡同時說到：「很明顯地，許多反對者們並沒有完整閱讀文章內容，充其量只讀了幾個段落。」根據英國廣播公司ＢＢＣ的報導，阿圖亨後來在一個廣播電台上受訪，當中說到，現今的網路讀者們很容易只閱讀標題與大綱，但他的文章是有目的性的，要用「比較複雜的方式」來撰寫，最終他並沒有給出一個很明確的結論，必須全部閱讀完才能有完整的了解。

阿圖亨同時在廣播訪問裡，對於那些被他冒犯的人道歉，他說他不明白那些發起連署書的社運人士們，還要要求他做出什麼其他的道歉。英國廣播公司ＢＢＣ把他的半道歉翻譯成：「說到底，這個辯論……吸引了大家開始關注殘障人士的問題，但同時也吸引負面的注意力到他們身上。可能，我不應該開啟這個錯誤，至少在這樣的方式之下，但結果卻是如此——謝謝那些無腦的人只轉貼了第一段內容，而並沒有繼續閱讀。所以我徹底為此事道歉。」

老實說，在讀完媒體對於這篇文章的翻譯內容，與作者奇怪的道歉後，我不知道要回應些什麼。可能有些意義在翻譯過程中流失了，而阿圖亨真的在試圖讓人看見時代如何改變，使俄國的殘障人士過得更好，也或許他是在說他們應該為了更好而改變。

無論他的目的是什麼，我原諒他並且為他禱告。我同時也對那些為我挺身而出的人心懷感激。我鼓勵所有連署的人，努力把慈愛傳到他們所遇到的下一位殘障人士身上。這能夠讓原本可能會傷害人的一件事，變成一件良善的事，你說是不是？

一條令人憂心的法律

我仍舊盼望有一天能與普丁總統會面，以便我能夠為他國家裡的殘障人士們，提出一個更好的無障礙空間改善建議，與更好的治療待遇。我也想跟他聊聊，如何能讓俄國對於基督徒傳教士們保持開放。他與他的政府針對這些想法，有一些不一致的回應。他在二〇一六年東正教聖誕節的發表感言上，對於基督徒們「復興極高倫理、道德價值，護衛我們濃郁的歷史與文化遺產」，以及幫助維持人民和平的這些行為給予讚美。[15]

許多無神論者、回教徒與佛教徒，跟我聊到他們的信仰，而我也非常喜歡這樣的對談。我對於我的信仰充滿信心，並不會因為有人支持其他信仰就感到被威脅——除非他們抑制人

15 參見莎拉・埃克霍夫・澤 Sarah Eekhoff Zylstra，〈美國傳教士可能引致俄國「反傳福音法」遭推翻〉，二〇一七年一月二十四日報導。相關網址為：www.christianitytoday.com/news/2017/january/us-missionary-may-get-russia-evangelism -law-overturned.html.

權，或是威脅到其他人的安全。

如果一個社會限制人們談論心靈，或是強制一個國家只能有一種信仰，乃至完全沒有，那麼那些正在掙扎，或是在一個貪腐與邪惡力量很強大的地方，缺乏供應的人，內心的盼望可能就會被抹滅。靈魂是我們最重要的一部分，當你的靈魂在信仰裡有平安，你會比較有可能感到快樂、滿足，同時更傾向於服事他人。這是一個健康的社會所需要的。

在巴爾幹半島，教會和政府之間經常有許多隔閡，但與此同時，學校系統仍然在教導正教教義、聖徒與信仰，雖然多數時候他們其實並不是真的在教導信仰，而是教關於身為俄國人的認同感與國家的歷史。

我一直在與俄羅斯東正教教會討論，要在他們的國家進行一個國家禱告日，但普丁總統的工作人員表示，他們想等到我不在莫斯科有商業演講活動的時候，再安排會面。所以這事最終可能會發生。我知道他的行程安排變數很多，但是我會冒這個險去跟他對話。

我們共同的使命

如果真的有機會會面，我會與普丁總統一同為了俄國人民，以及他們與上帝之間能有活躍的關係來禱告。我與普丁以及其他國家領袖們會面的目標，就是要親自與他們四目交接，認識他們，為他們禱告，並且與他們對話。如果有國家或是他們的領袖，不想要我發表關於我信仰的演講，我會帶來一個勵志啟發性的信息，或是一個有關霸凌的信息來建立關係，並且彼此連結，以待有一天他們可以讓我分享，或是至少讓我用行動表明我的基督信仰。在這過程中，我會預備道路，並且盼望萬民作主的門徒。

建立一個能打開分享信仰之門的關係，也是「寰宇全球同工」（Encompass World Partners）這個組織的使命。他們目前在三十四個國家裡支援傳教工作。我與「寰宇」在東南亞有過合作，幫助一位患有唐氏症的大學學生。在這個地區，殘障兒童會被視為對家人的一種侮辱。對於那些有特殊需要的人來說，社區幾乎沒有什麼支援系統可以幫助他們。

「寰宇」邀請我去探望這位有唐氏症的大學生與他的社區。他們說，我的演講能夠開啟一扇門，來「撒下更多真理的種子在他們與當地人民的關係裡」。

我想要在所去的每一個國家裡，種下盼望與真理的種子在那些人民的心裡。我在俄國的專欄爭議與他們反福音的新法，完全沒有使我的腳步慢下來，或是讓我放棄；對於走到哪都成為上帝的使者與招募者的使命，也不曾產生疑惑。這些角色裡，還包括成為殘障人士和世界各地所有遭受苦難者的擁護者和支持者。

在危險的世界角落裡堅守使命

我一直在借助科技完成這些事，讓自己不必再像以前一樣頻繁通勤。在我還年輕和單身的時候，飛行到世界各地像是一種冒險。但是現在，家裡有太太和兩個孩子，與他們長時間分離變成一件很難的事。我太想念他們了。

我想要持續做神的工，並且成為人們盼望的來源，能在各地啟發他們，所以我不會完全放棄旅行，但還是希望能減少些。我的團隊和我一直以來都在嘗試與同步聯播、播客、Skype和其他科技平台，以及所有其他形式的社群媒體合作，以求能觸及到更多的人。

現今的世界變得越來越危險，這也是我們的另外一個顧慮。我有過一些非常驚險的經驗。二〇〇八年，就在我離開孟買的隔一天，恐怖分子在我們探訪過的三個地方進行炸彈攻擊，包括我住的旅館、車站，還有機場。一路以來還有許多其他比較不那麼可怕，但仍舊很瘋狂的不幸事件，發生在我的旅途中。

那場俄國的爭議讓我想起了一件事。這是在我不知情的情況下，發生在二〇一三年往訪越南期間的「國際事件」。當時促成我前去胡志明市的出資人，聘請了私人保全護送我從機場到下榻酒店。在路上，他們的摩托車與汽車打開了警笛，有一點執行過當。

簡單來說，他們讓所有的車流都停了下來，只為了要清出一條道路給我們的車輛通行，然後他們還闖紅燈，並且開到錯誤車道——所有這一切都是違法的。警察後來對他們開了罰單，並且扣押了他們的一些交通工具。為了要遏止私人保全公司如此囂張的行為，當地媒體還為此發起了一個大型運動。

胡志明市，真的向你們說聲抱歉。下一次我會從機場搭乘「優步」（Uber）的！我不太常需要動用私人保全，但有時候我的主辦單位覺得這是必需的。我相信當上帝呼召我到一個地方時，祂會確保我的安全。再沒有一個比上帝想要我們前去的地方，還要來得更安全的所在了，當然，偶爾我還是會有一點害怕。

有一天晚上，當我的旅程經過塞爾維亞的貝爾格勒時，遇上了因為政府的一些措施而引發的民眾暴動。當時我們剛好在城市的大街區裡徒步旅行。剛開始的時候一切都很平靜，但是暴動的民眾其實就在我們後面，我們卻完全不知道，等到繞完一圈走回起步原點的時候，整個地區都已經被掀翻了，窗戶都被砸毀、街燈也遭破壞、桌椅被丟到街上與車子上頭、建築物都著了火。我們非常震驚，原本的平靜都被混亂給取代了。

我做了一些禱告，感謝上帝我們沒有一個人受傷。有些人說我們很幸運，但我絕對相信上帝當時在保護我們，因為我們在做祂的工作。

從世界各地的人身上找尋啟發

旅行還有一大好處，我應該會因此持續做這件事，每年至少要旅行幾個禮拜的時間。這個好處，就是你！在我的旅途中，我可以遇到好多很棒與有啟發性的人。我交了很多朋友，從演講活動中遇到的人身上學到好多。當然，還包括了在我住的旅館、餐廳與機場所遇到的許多人。你們讓我感受到如此被歡迎與寵愛、全然成為上帝大家庭的一分子。

我由衷被你們，以及好幾百萬喜樂、充滿信心、愛上帝，但卻經歷挑戰遠超過我的人所啟發。

走進一間孤兒院或是性奴隸的庇護所，找到經歷過最糟糕的虐待與遺棄的小男孩小女孩、男人及女人們，但卻看見他們仍然充滿喜樂與上帝的愛，再沒有比這個還讓人感到更棒的了。我怎麼可能不被他們啟發呢？

在本書前面我提到曾遇過三十個跟我一樣，一出生就沒有手腳的人。我也遇過數不清的其他人，他們因為戰區的炸彈攻擊、很可怕的意外，或是感染而失去了四肢。這當中有一個很不簡單的年輕女孩，不同於我們以往所曾聽過的任何遭遇，我想要透過她那深具啟發性的故事，來結束本書的這一個篇章。

二〇一六年在波蘭的一場演講上，我遇到了蓓雅塔・賈羅卡（Beata Jalocha）。她是一位來自克拉科夫（Kraków）的物理治療師。她來信寫到希望能認識我，所以我在演講結束後的一個小團體聚會裡與她見面。我可以一直不停地講這位年輕女孩的事，和她為什麼會啟發我，但我覺得還是讓她自己來分享她的故事，會比我講得更好。

我只想說，最近我在蓓雅塔的臉書頁面上，看到她參加選美比賽、駕駛滑翔翼、高空跳串聯降落傘、潛水，以及她與朋友們一同乘坐熱氣球的照片。這些照片當中，我最喜歡的就是她在正要降落的熱氣球籃子裡的照片，因為最後他們的籃子是橫倒著落地的。蓓雅塔面朝上躺在籃子裡，歇斯底里地狂笑。其實這個年輕女孩能夠笑得如此開心，本身就是一個奇蹟，而更令人驚奇的是，她在經歷了過去幾年的所有痛苦和悲劇之後，決心想要「成為別人生命中的奇蹟」的那個使命。

我非常喜愛蓓雅塔擁有一個，想要成為那些曾經與現在遭受痛苦的人，他們生命中的奇蹟，尤其在她經歷如此悲劇之後。她告訴我，她知道上帝對於她所受的傷有一個心意，並且對於她有一個計畫。她正在尋找答案，並且有信心終會找到。與此同時，她並沒有在一旁等待，對自己的處境傷感。她對於未來有一個異象，而且正在努力實現中。

對於能提供給她任何幫助，我深感榮幸，就如同我致力於幫助每個可能接觸到的人一樣。我的使命就是，要看見許多人在地球上過著充實的生活，並引導他們到上帝的家中，因為在那裡有永生等著他們。

我希望這本書能啟發你，也把這個使命當成是你自己的。

〈當人生不如你預期的計畫〉

蓓雅塔・賈羅卡

二〇一三年五月十八日週六那一天，我在克拉科夫擔任物理治療師，執行我的工作。我離開了我的公寓去探望一個病人。這個時期正是我人生開始順利步上軌道的時候。那時我在一間康復中心工作，幫助治療一些有神經系統疾病的病人。在替代職位兼職了一陣子之後，成功轉成正職。我的病人當中包括了一些脊椎受傷的人。

我感覺到被需要。這些病人，在他們遭受的悲劇裡，讓我看見生命當中什麼是重要的，而我試著幫助他們。下午的時段裡我通常會在健身房幫助他們做復健。我的工作給了我一些生活的平衡，這對我來說非常重要，但同時它也非常挑戰我的體力與精神。我很喜歡這樣的感覺。我喜歡挑戰，而每一個病人對我來說，都是一個新的挑戰。

在二〇一三年的那一日，我與一位病人有約。其實本來我們應該在更早的日期碰面，但應她的要求我們改期了，而這對我來說，其實不是很常見的事，因為我非常忙碌。在改約的那一天，我們預訂好早上十點碰面，但我在前往她公寓的途中遇到些許延遲。而這些延遲後來證實，改變了我的命運。

我本來可以走路到她家，因為她剛好跟我住在同一條街上，但因為後面有計畫要去別的地方，我決定開車。就在將要抵達她家門口的時候，我忘記這位病人的公寓門號，手機裡雖有記錄，但剛好沒電了。後來我又回到家中將手機充電，並且傳了一封訊息給她，讓她知道我會遲到三十分鐘。在充好手機之後，我又開車回到她家，並打算停在街區附近，但是當時看到有位女警正在開罰單，不確定這一帶是否可以停車，所以我重新找到一個更好的停車格，之後下了車，走了大概十幾步路。

後來發生的事我完全沒有任何記憶。那些第一時間前來幫助我的警察們說，我當下看似還有意識。即使如此，我對於發生的事情沒有任何記憶。

在意外發生後二十四小時，我完全失去了意識。我猜這可能與所承受的疼痛有關。當時我所有的肋骨和脊椎都斷掉了，我的一條腿也完全粉碎性骨折。最糟糕的傷其實是在受損的脊椎，與失去下半身的控制力上面。

我能活著簡直是一個奇蹟。被一個從如此高度墜落下來的男子撞擊，所造成的衝擊力道是非常巨大的。後來我被告知，承受這種極大脊椎傷害的患者，一般應該要儘快手術以減輕脊髓所承受的壓力，因為隨時可能會發生無法逆轉的癱瘓。我當時正在等著開這樣的手術，但意外發生後的第四天他們先做的卻是腿的手術，而脊椎手術則是在七天之後才開。這是我一生當中最糟糕的七天。

我不知道為什麼他們沒有先讓我進入藥理性昏迷的狀態，讓我不必經歷那樣的疼痛。當時我承受了非常大的痛苦。而不到兩個禮拜之後，一直在身邊陪伴我的母親，突然中風並且住進這間醫院下兩層樓的病房。完全沒有文字可以形容當時這對我來說是有多麼艱難。

因為擔心我沒有得到適當的醫療照顧，我的前男友和姐姐聯繫了媒體，並且公佈了發生在我身上的情況。我邊躺在病床上邊接受記者採訪。當時因為所有的肋骨都斷裂了，我幾乎無法呼吸，感覺好像有一大袋石頭壓在胸口上。

由於脊椎有多處骨折，我必須臥床不動超過一個月。那時我唯一能做的就是盯著一小部分天花板看。這段時間裡他們對我所說的話，我非常不能理解。當下我只能細聲耳語般說話，因為我呼吸非常困難，感覺好像即將溺死一樣。

當媒體報導到我需要經濟援助，以負擔醫療費用與其他因受傷而生的相關費用時，民眾很大方地回應了。這給了我極大安全感。從意外受傷後到現在幾個禮拜，是一條很漫長的路，但他們的支持幫助我走到今天。

在意外受傷滿一年時，我想要感受點正面的力量，好讓這些日子以來一直塵封的心情甦醒。當時我變得不願意一個人出門，但我很不喜歡這樣的恐懼，因此我做了力克所做的事——跟著教練一起串聯跳傘。我想要自我挑戰，而跳傘幫助我釋放自己。

幾個月過後，我參加了波蘭的輪椅小姐世界比賽。雖然沒贏得冠軍，但我獲得亞軍以及最受歡迎小姐的頭銜。得獎對我來說並不是最重要的，這只是我重新獲得動力的練習。

當一個人受限於輪椅時，因為感到羞恥與丟臉，很容易會想要退縮，想要隱藏起來。有時我會想要消失，但曾經物理治療師的訓練，和我的信仰機制告訴我不應該放棄。……

我的健康持續成為我的挑戰。我肋骨以下的身體是癱瘓的，沒有辦法控制自己的下半身。除此之外，大部分時候我是可以獨立生活的，我會自己開車，即便長途也行。我計畫著要獨立生活，以減輕家人的負擔。我必須為了他們，為了自己而做。

除了一直存在的疼痛之外，對於未來我充滿期待，期待能遇見新的人，新的機會。這也是我去了力克二〇一六年演講活動的原因。

我寫了一封信給主辦單位，而他們邀請我在演講結束後，與力克和其他殘障人士私下會面。在會面過程中，力克告訴我們，他打算成立一個機構來幫助世界各地的殘障人士，而他的第一個計畫將會在波蘭。

這對我來說是非常興奮的一件事，因為我擁有很相似的夢想。在波蘭，對於殘障人士的認知、如何治療、如何引導他們融入社會，人們的認識非常短缺。所以我的夢想就是要在波蘭創立一個真正的康復中心，一個致力於幫助脊椎受傷病患的中心。整個醫療團隊必須具備醫治脊椎重大創傷病患所需要的全面知識。

身為一個經歷過重大脊椎創傷的物理治療師，我知道只是教導如何在輪椅上行動是不夠的，我想要幫助其他人。必須要有人做給你看，你可以如何生活，如何面對坐在輪椅上所帶來的情緒衝擊。自從意外發生之後，過去三年對我來說是一個非常大的挑戰。我仍然在找尋答案，經歷了如此可怕、充滿傷害的意外後，我仍然在面對重新找回生命的掙扎。

過程雖然很困難，但你不會看到我躲在黑暗角落裡。相反地，你會看到我跳傘、潛水，並且獲得滑翔機新駕照。我做這些事是為了證明我仍然在冒險，並且能敞開自己，迎接新的經歷與體驗。有些人曾經懷疑過我是否可以單獨駕駛滑翔機，事實證明我可以！

我告訴力克，我已經為康復治療作了一個四階段的規劃：包括心理訓練、運動訓練、日常生活技能，與自我信心的建造。我知道要重建身體、心理意念與心靈有多麼困難，但你必須要起來為復原打仗，並且重新找回自己的生命與意義。

力克他激勵了我，我希望有一天我們能在這方面一起合作，這會是一件很棒的事。單單想到可以透過這樣的方式來幫助其他人，讓我的內心開始堅強起來。我需要像這樣的目標，來使自己能夠接受發生在我身上的事。

事實上，也有些時候我會懷疑自己。我並未感到悲苦或是氣憤，只是偶爾單純感到疼痛與難過；也有某些日子，我會感到極度難熬，但我試著不去造成任何人負擔。我相信沒有一件事的發生是沒有理由的，而那一位在天上的祂對我有一個計畫，需要我去完成。我相信人，相信美好的事情會再次回到我身上。

第三部

有始有終

Finish Well

11 我的父親——生命的榜樣

My Father—A Model for Life

我的父親時常說，成為耶穌的手與腳這份職業，在我十八個月大的時候就已經有預兆了。在一九八四年，我們第一次前往美國時，父母親帶著我去了維琴尼亞州的一個教會營隊。那時候剛好是夏天，天氣非常炎熱與潮濕，他們把我放在嬰兒車裡推出去散步，試著讓夜晚能夠涼快一些。

路上我們遇到一位教會的長老，他彎下腰來對我說了一些話，但當下可能因為害羞，我撇開頭，並未開啟我的迷人嬰兒模式。也可能是因為當時的炎熱感，使我脾氣有一點不好。也說不定是因為當時我並不想跟陌生人有交集，或是單純想休息。那時我還不到兩歲，不然我就可以把這個情緒歸罪到「可怕的兩歲期」上了。

儘管當下我迴避了那位長老，他後來還是打電話給我的父母，詢問是否可以在當晚營會上談到服事的時候提起我。我的父母同意了，雖然完全不知道他打算要說什麼。後來才知道他講道的主題是「無可隱藏的地方」，而這篇道是根據哥林多後書 5:10 的經文：「因為我們眾人必要在基督台前顯露出來，叫各人按著本身所行的，或善或惡受報。」

那位長老談到我對他的害羞回應。他以我撇過頭這事與審判日會發生的事作對比，當人不能對上帝忠心的時候，就會在祂面前把臉藏起來。他引用了啟示錄 6:16：「向山和巖石說：『倒在我們身上吧！把我們藏起來，躲避坐寶座者的面目和羔羊的憤怒！』」（NIV；約翰福音 17:21）

我的父母說，那位長老還提到了詩篇 139:7：「我往哪裡去躲避你的靈？我往哪裡逃避你的面？」我在想，我父親的意思是，在如此幼小的年紀我就已經成為其他基督徒們聽道時的教訓。雖然坦白說，我覺得那位長老有一點過度解釋了。我對陌生人轉開頭，跟審判日時轉離上帝不太一樣，但在這件事上我會順從我的父親，因為畢竟他是我成為虔誠基督徒的榜樣。

每當想起我父親的時候，就會想起箴言 13:20：「與智慧人同行的必得智慧，和愚昧人作伴的必受虧損。」我的父親，鮑里斯・胡哲，現在在天堂裡與上帝同行，雖然每時每刻我們仍舊感受到他的同在，與他美好的精神。他在二〇一七年五月十四日的星期日離開了。在那之前一年半，他被診斷出癌症末期，當時他才剛完成那一本書——關於如何養育這位超完美的不完美小孩——不久。沒錯，這本書指的就是我。我的父親也協助我撰寫現在這一本書，當然，他與母親一直都是我全部生命的力量、支持與啟發的來源。

正如我可能是許多其他超完美的不完美基督徒的榜樣，我的父親同時也是我的榜樣。我會這樣覺得，不只是因為他對上帝有如此堅定的信仰，更是因為他如何活出每一天的生活方式。他總是相信，吸引未信主的人來到耶穌面前最好的方式，就是成為基督價值的活榜樣。他是一個忠心、有耐性、謙卑、慈愛與有紀律的基督士兵。

父親一直都是我們力量的支柱與勇敢的代表。尤其在遭遇人生的第二次重大衝擊時，這一點顯得特別真實。（當然，我是他人生的第一次重大衝擊）在書裡我的父親寫到，在我出生之後，他是如何倚靠上帝的力量。我這樣缺少四肢地到來，前期一直都沒有任何徵兆。他與我母親一開始時陷入了痛苦掙扎，努力想理解我們在天上的父，對這位不尋常的第一個孩子的計劃與心意。

我父親生命中的第二次重大衝擊，也需要尋求上帝的力量。這件事發生在二〇一五年，在他把書交給出版社後不久，他被診斷出患有第四期膽管癌，並且被告知只剩下四到八週的生命。

我的父親從來沒有嚴重的健康問題，所以這是一件很令人震驚的事。兩年前他的兄弟米洛斯（Milos）被診斷出胰臟癌，十六週後就去世了。父親知道這類癌症會有多痛苦，所以他禱告上帝給他力量與恩典。他諮詢了其他的醫生們，但他們不知道他的癌症起源於哪個部位，因為在發現時癌細胞已經蔓延到胰臟、肝與肺。那時如果不開始化療的話，大部分的醫生判斷他只能再活兩個月，但即便做了化療，他們也覺得他最多只剩一年時間。

父親的力量與韌性讓所有人都感到驚訝，他活了遠超過醫生們預期的時間。在沒有經歷太多疼痛之下，他持續活了很長的時間，而這真的是一個奇蹟。因為他在診斷報告出來後幾個禮拜，就選擇不做那些標準療程。

持續相信

我的父親時常說，他人生的最高點就是看見孫子出生，而就在他剛開始享受與他們一起的時光時，卻立刻進入了一個充滿痛苦與恐懼的低谷，而這也是他人生當中的一個最低點。他用了如此之大的恩典與尊嚴，來面對這個無法預料的考驗，而這也是我在一個面對死亡的人身上，所看到的最大力量。

他把他的正面的態度歸功於他這一生的基督信仰。他說這個病痛可以一天之內耗盡他所有的力量和擊垮他的身體，但它永遠不會奪走他的信仰或是他內心裡的平安，因為他認識那位在天上的父，與等待他的永生。

現今的世界裡，在健康與順遂的情況下要活出基督徒的榜樣，就已經是一件夠挑戰的事。更何況當你的身體正在對抗癌症，同時又要在信仰裡堅固與活出恩典，那是一件更加困難的事。但從最一開始，父親就從他屬靈的信仰裡支取力量。他把他的信仰付諸行動，啟發我們所有人，並且透過自身的榜樣教導我們。

我的父親在二〇一五年的暑假，第一次發現自己在打網球的時候會非常疲累。那時他開始在中午小睡片刻，有時候一天還會睡兩次，這對他來說是很不尋常的事。另外一個讓他感到身體異常的地方，是他平常吃晚餐時會喝一杯紅酒，但現在喝酒會讓他的胃很不舒服。而大約在這個時候，其他阿姨與叔叔們也開始有一些健康問題出現，因此我父親同意去做身體檢查與照大腸鏡。當時所有的驗血結果都很正常，雖然他還是會有脹氣與絞痛的狀況。

因為父親持續有胃疼痛的狀況，我母親幫他預約了另一個門診。這使他又經歷了另一輪驗血，並且發現他的肝功能指數有些偏高。醫生幫他安排了超音波並且發現肝裡面有個腫塊。核磁共振成像發現他除了肝上有三個腫瘤，胰臟上面還有一個，同時在肺部好像也看見一些點，雖然我的父親從來沒有抽過煙。

當醫生們告知米洛斯叔叔，即便做了化療他也只剩大約十六週生命時，他聽從他們的建議。但是在接受治療時他的病情已經非常嚴重，之後不過四個月他就過世了。所以當父親被診斷出來腫瘤的時候，這些過程在我們心裡還都歷歷在目。

醫生們說父親可能只剩下一到兩個月的時間陪伴我們，除非接受做化療，還有可能延長壽命到六個月左右。我的父親對於化療非常抗拒，因為他看到自己兄弟身上所發生的事。

現今大家如果遭遇重大的健康問題時，好像都習慣上網去尋找答案。但是在我們的例子裡，因為我的母親、妹妹與弟媳都是護士，而我的弟弟亞倫之前則雙主修生物學與物理學，他們提供了許多專業知識與經驗給大家參考，（詢問你的醫生對的問題，與知道網路上哪些資料來源可信度較高，是非常重要的。）他們的專業知識對家人來說非常有幫助。

我的母親與妹妹曾經親眼看過，標準化療在病患身上所造成的毀滅性衝擊。他們都知道，許多醫學團體認為化療是一個非常有侵略性的治療選擇，因為它會在身體的器官與免疫系統上造成潛在性的破壞。

現在的趨勢是使用標靶性藥物與方式來消滅癌細胞，或是遵循治療計劃，提升身體的自然防禦能力去攻擊癌細胞。有些人提倡所謂的天然或是替代療法，如飲用未經烹調的蔬菜、水果榨取出來的果汁，食用維他命以及其他保健食品，或是綜合兩種等。

透過家族與朋友的關係，我們與世界各地的醫生們連絡上。之前因為與「生命線人道組織」（Lifeline Humanitatarian Organization）接洽過演講的事情，認識了亞歷山大（Alexander）與凱瑟琳・卡拉多德維奇（Katherine Karadordevic），他們是塞爾維亞加冕的王子與公主。這個組織主要是在幫助我們母國塞爾維亞裡，那些最需要救助的人。他們在推薦與協助連絡醫療專家方面，給予我們非常多幫助。

我的家人們找到一些癌症專家，他們提供了一些看法。對於治療癌症，醫生們有太多不同的意見、看法與不同的治療方式，標準的、實驗的……，時常令人不知所措。你聽說有些人有辦法活出超過醫生預估的壽命，但同時也有些人卻在幾天或幾個禮拜之內就很快去世。

雖然對於父親的癌症是源於肝臟還是胰臟，醫生們抱持不同看法，但我們的醫療顧問一致認為，這是一種非常有侵略性的癌症，父親剩餘的時間非常有限。我們的挑戰就是要找出最好的治療方式，讓父親能擁有有品質的生活，沒有痛苦與煎熬。

最後我們找到一位洛杉磯的癌症專家，他曾經改良化療的方式，並聲稱效果可以比標準程序來得溫和些。這麼做的目的本來是要讓病患感到輕鬆一點，並且有較少的嚴重副作用，如劇烈疼痛、噁心與嘔吐等。這位醫生保證，在父親的整體健康上，他的替代方式會減少不舒服症狀。

可怕的噩夢

避免疼痛一直都是一個很好的選項，依照我們的情況，這絕對是首要考量。我的父親和我都有一個共同點，就是對於疼痛與生病的忍耐度非常低。父親花了兩個禮拜的時間考慮他的治療方案。不用說，他為此大量禱告，而我們也為他禱告。即使他對於副作用擔憂，但還是同意嘗試這個方法的化療。

很不幸地，父親對於療程副作用的恐懼很快就兌現了。每一個病患的反應都不相同，那位醫生所做的承諾，是根據那些有比較多正面結果的病人得來的結論。父親在兩週之內做了兩次化療。在第一次化療之後，他並未經歷任何極端的副作用，但是在第二次之後，他的身體反應非常激烈，他出現了很嚴重的噁心、嘔吐與腹瀉的症狀，無法進食，也無法飲水。

母親與妹妹想要帶他去急診室，但卻被父親拒絕了。他以為這是要他在醫院過夜，但他寧願跟家人一起待在家裡。我被叫進父親房間說服他去急診室。他們最大的擔憂是我爸已經開始脫水，而這可能會引發腎衰竭。我答應父親到醫院時我們不會離開他，除非有任何重大事情發生。

我母親大約在禮拜天晚上十點鐘的時候開車載他去醫院。當天晚上候診室全部客滿，母親告訴他們父親對化療有非常嚴重的反應，但急診室的負責人員似乎不打算做任何改變。就在我們等候的時候，父親的臉色越來越蒼白。他說他覺得非常無力，母親很擔心他的腎臟已開始衰竭。

充滿憐憫的天使

正當母親開始驚慌的時候，一位護士出現，並且自我介紹說她是我們家族的朋友。她是我表親的鄰居，住在我們加州住家附近。她認出了我的父母，有一年夏天她曾在我表親家裡的七月四日派對上見過他們。雖然我的父母沒有認出她來，但當她提供協助的時候，他們非常感激。

她將他們帶進了急診室，並且為我父親做了靜脈注射，以減緩他的脫水症狀。後來還陪伴他們一直到有位醫生進來為止。她把我的父母介紹給那位急診室醫生，並且表示我們是她的朋友，請他好好照顧。在當下能有一個援助的推手，真的會有很大的不同。那位醫生將我父親照顧得很好，在脫水症狀被解決之後，他就感覺好多了。他們給了他兩公升的體液補充。

那一晚我的父親決定不再繼續進行化療。我一直都常嘲笑他太小心翼翼，而他也一直警告我太過愛冒險的個性。很諷刺的是，我父親最後的這個重大決定，最終是選擇了比較不那麼謹慎的方式。

在與我們相處的最後一段日子裡，他願意用不做任何化療所多出來的時間，來交換任何能夠帶給他較好品質的生活方式。我們完全沒有責備他。如果僅剩下幾個禮拜或是幾個月的時間，他不想要因為病情變得沉重，以致連與自己最愛的人相處的時間都沒有。因為他的信仰，使父親至少可以完全不害怕死亡。他對於這件事非常地開放與坦白。

有過這次經歷之後，父親遵循一個喝綠色果汁和羽衣甘藍的養生方法。這是我妹妹根據她對天然癌症療法的研究，所設計出的能使肝臟細胞再造，並且提升免疫系統功能的療法。他的一些腫瘤其實還蠻大的，但父親常說：「有這些相同問題的人，應該不會感覺像我這樣好。」

充分善用我們的時間

在停止化療，身體比較好之後，父親召集我們一起享用家庭早餐。他朗讀聖經裡的經文，並且聊到與神、與祂的話語保持親密的重要性。他也為了任何他曾經傷害或冒犯過我們的事，尋求原諒。父親開始對他在地上的生活進行告別。那一次的家庭聚會只是一個開始，後來還有好多次的聚會，我們都一起聊到我們的信仰，我們對彼此的愛，還有我們共同享有的祝福。

有些人在面對死亡的時候完全不想要聊到這些事；有些人則會進入受害者模式。我的父親想要透過分享他的信仰與愛，讓他的家人與自己做好準備。現在回想起來，我很確定私下他一定有獨自難過與絕望的時刻。在他與孫子們玩樂相處的時候，我看見他的眼眶濕了。

我們並沒有把哀傷隱藏起來，只是想要充分把握與他剩下的日子。我們在院子裡做飯，在家裡築壇禱告，一起出門蹓達。我的父母甚至參加了一個三天的郵輪之旅，而這也是一個很棒的禮物，在經歷這麼多壓力之後的放鬆。

當然，面對生命的終點，總是會讓一個人有更多的反思。對於為人父母都會有所期待，但卻將要錯過的那些重要時刻，我的父親自然也會感到憂慮。我的妹妹，蜜雪兒，常常不斷說當她有一天結婚的時候，父親要牽著她的手走到紅毯的另一端。但難過的是，他永遠都不會有這樣的機會了。

父親對於能跟我的兩個孩子相處的時間感到感恩。德揚——我們的第二個孩子，是在父親被診斷出癌症的前三個禮拜才剛出生。我的父親想要他的孫子們認識他，並且記得他，而我們一定會讓孩子們記得這位愛他們的爺爺。

在父親被診斷發現罹癌後沒多久，我們聚在一起拍了一些全家福照，父親在攝影師照相的過程中流下了眼淚。當有人說到，我們是在為父親拍照留念時，他很難過地笑了，並且說：「我到時候就會不在了，所以這是為你們照的，並不是為我。」

盼望的大能

我們選擇為了最好的結果來禱告，而不是掉進哀傷與絕望裡。我們禱告尋求上帝的引導與智慧，禱告祂對我父親在地上的計畫，也就是使他成為其他基督徒面對人生危機時的榜樣。

當你深愛的人被診斷出有危及性命的疾病時，生命中所有其他事情頓時會失去重要性。你的工作，即便是你所有最緊急的擔憂與計畫，全都會從你的意識裡淡出。我所有能想到的就是我的父親，以及他對我和家人們來說有多麼地重要。

我父親，典型來說，是一個全心專注在家庭，而不是自己的人。這位面對死亡的人，卻還持續不斷安慰著我們。有一天，他把我們叫到家裡去，幫助他安排完成身後事，這樣一來我的母親在他過世之後就不必擔心那些事情。父親不想要我們沈浸在他生病的憂傷當中，他督促我們要善用所有剩下的時間。

像這樣的挑戰提醒著我們，每一天都是一個恩典。同時，除了我們與上帝的信仰關係以外，我們彼此之間的關係就是我們最大的寶藏。我們特別要為一件事獻上感恩，就是這十年來第一次所有直系家人，以及許多阿姨、姑姑、叔叔、伯伯、表兄弟姐妹等，都住在同一個大陸上，所以我們能花時間與父親相處。

我的弟弟亞倫和他的太太，以及我的妹妹蜜雪兒，都跟著我的父母來到加州，而這裡也是我長期居住的地方。我們和阿姨、姑姑、叔叔、伯伯、表兄弟姐妹，都圍繞在父親身邊。這在我們還分散世界各地，住在不同大陸時，根本是不可能發生的事。

我無法想像，如果我弟弟夫婦和蜜雪兒沒有住得這麼近的話，我們整個家庭在過程中將會有多艱難。在這段期間，我們時常一起禱告，並且記得感謝上帝的恩典，在這個如此艱難的時刻，使我們還有彼此可以依靠。

在我父親的診斷之後，我們把握住每一個機會全家慶祝。他堅強地撐住自己，證明給他的醫生們看，他們起初的預估是錯的。而這樣的精神非常啟發我們。佳苗與我總是超愛看父親和清志玩耍，非常感恩他能夠在第二個孩子出生時陪伴我們，抱他並且愛他。

對於我父親來說，這是一個悲喜交加的感受。他很開心能夠看見孫子們，但當一想到無法看見他們長大成人時，又會感到難過。

在我結婚之後他向我坦承，在我還年輕的時候，他沒想到有一天我會結婚、有老婆並且有孩子。他感受到上帝差派佳苗與孩子們來到我身邊。我的父親很喜歡抱著我們的孩子，對著他們唱塞爾維亞的民謠。有時候他會邊唱邊落淚，但仍舊繼續唱著。

上帝容許我們走過低谷，所以祂會成為引導我們走過低谷的那一位，而我們則可以分享向祂祈求與得著力量的見證。我為這些人生的高低起伏獻上感恩，我真是這麼覺得。當然，當你的世界彷彿在你身邊崩壞的時候，要獻上感恩是一件很難的事，尤其是當你所愛的人在受苦的時候。即便如此，生命中總是會有你能夠獻上感恩的事。

在所有因為我父親的罹癌與逝世所帶來的淚水和悲傷中，我很感謝同時也見證了在這樣艱難的時刻裡，他在信仰裡的力量。我的父親與母親從來沒有如此親近，我的父親從來沒有顯現出如此大的平安。我們家庭的關係一直都很緊密，但這樣子親近卻是前所未有的。我們的愛完全地滿溢出來。

上帝的榮耀在這所有一切當中被顯現出來，這才是最根本的重點。我們知道，如果父親輸了這場與癌症搏鬥的戰爭，他將會回到天父的家中。他的逝世是上帝的旨意。我們的失去，在上帝那裡是獲得。

離別的禮物

當他在寫關於如何養育我——這位超完美的不完美小孩——的這本書時，父親被神光照。上帝之所以沒有直接讓他和母親，預知我的人生會如何發展的原因，是因為祂在考驗他們的信仰，能否如那被火煉過的金子一樣，使他們成為更加被信仰堅固的基督徒。上帝把一個看似極大的悲劇——一個嚴重殘障的孩子——變成一個祝福；不只是在我父母身上，同時也在其他許多人身上。這位「不完美」的小孩，結果卻變成上帝計畫的最佳「完美」代表。

「上帝帶來了一個在力克剛出生時我無法預知的勝利，所以我學著相信祂的計畫，」我的父親說。「當我被診斷出第四期癌症時，我心裡也有這樣的念頭。一開始這是一個很大的驚嚇，就像打在臉上的一個巴掌。當時我感覺自己就像約伯一樣，他因為家人與家畜的逝去，在信仰裡被試煉。在約伯的故事裡，最初他被影響，是因為身邊的人所遭受的痛苦，後來上帝更直接讓痛苦發生在他身上，再次試煉他。這對我來說是一樣的。我是身體上直接遇到最大挑戰的人，而不是擔心我身旁的力克和他所遇到的挑戰。上帝直接試煉我，就如同祂試煉約伯一般。」

父親說，當他在撰寫那本書並且回顧所有的學習課題時，他在面對癌症診斷這件事上感受到了平安，並且他把結果的主權交託給神。「從某些角度上來說，我感覺到這本書的完成，像是我當走的路已經走盡了，我被託付的工已經完成了，所以我可以接受這個新的挑戰，並且我與家人們一起把握剩下的時間。」他說。

最初聽到父親的診斷結果時，真的不知道在他的書出版之後，他是否還能擁有足夠的健康與體力，甚或是否還能在世。而能與他分享這樣的經驗，這是另外一個極大的祝福。他的書讓我看見，一直以來他是一個如此有堅定信仰的人。

我出席了父親的幾次簽書會。我為他能聽見讀者們的回饋、珍惜他的著作與引導而獻上感恩。我的父親是一個很注重隱私的人，像這樣子寫出他的感受與經歷，對他來說是一個挑戰與突破，而在簽書會的訪問上分享這一切，對他來說又是一個更大的挑戰與突破。他願意把自己放在這個位子上，是因為他覺得這對其他的父母與孩子們有益處。他知道上帝創造我是有一個計畫的，而這個計畫的一部分，就是帶出盼望與鼓勵給其他所有的殘障人士。

我的父親對於讀者們的正面回饋感到非常感動。我從觀眾那裡時常得到許多很有意義的回應，所以我覺得父親能從這麼多感恩的人那裡聽到這些回饋，真的很酷。

對我來說，身為一個基督徒，就是要在其他人身上有一個正向的影響，並且引導他們走向永生。而我在地上所做的每一件良善的事，我父親都配得所有的功勞。我告訴過他，在天堂裡會有很多人排隊想要感謝他。而那些我們一起出席的簽書會，就是一個小體驗，讓他嚐到一點天堂的滋味。

當我以一個男人對男人的身分來認識他的時候，我對他安靜的力量、捨己的心，以及對他人有憐憫的恩典，看得更加清楚了。我的父親比我安靜，但他是一個真正的基督徒榜樣，毋庸置疑。身為一個忠誠的基督徒，這些是我父親留下的遺澤，是他的生活方式所結出的果實；他是順服與信靠上帝的強而有力的典範。這些會透過我被傳承下去，也盼望透過我的兒子們，被承接下去。

恩典的榜樣

如果父親為了預備前往永生的道路而隱退的話，我們不會怪他。當一個人知道自己在短時間內即將死亡，這件事對任何人來說，都可能會感到非常令人絕望。但再一次地，父親在壓力之下仍舊活出恩典與力量。

在每一天的生活裡，面對著許多挑戰時我們會說：「嗯，還好這不是一個危及生命的狀況。」除非你真的遇到這樣的事情，然後你的觀點就會馬上改變。父親說，面對死亡讓他直接感受到天堂的真實，使他對上帝的信仰加速聚焦。當他被診斷出第四期癌症時，死亡，很快變成現實。

在還年輕的時候，我們會比較容易把父母在身邊這件事視為理所當然。在我們逐漸變老時，我們也看到了他們變老，而現實會讓我們看見，我們在一起的時間是有限的。即便如此，我們不曾預料到，會在他們六十出頭的時候就失去他們，因為現今有許多人活到七、八十歲。事實上，對於他們的離去我們永遠都不會準備好。

在得知診斷結果之後，我和父親有過許多次交心晤談。他提醒我，身為基督徒，我們知道基督會第二次再來，而所有信祂的人都會被呼召進入天堂。我們相信死亡之後會有永生。父親說這些真理支撐著他，也會支撐著我們走過這場試煉。最終我們都會一起在天堂裡，而這就是我們的盼望與安慰。一切最終都會回到信仰。我的父親說，他無法想像當我們離開地上的身體時，生命就會停止存在。

他需要面對的問題是：「我準備好面見神了嗎？」他想要確認他在靈裡預備好了沒。父親回想起當他的母親七十七歲即將過世的時候，說她唯一會感到不捨的一件事，就是不能看著她的兒孫們長大，而這對我父親來說也是一樣。除了這件事情以外，他覺得他已預備好要面見神了。

父親對我們說，我們都應該要記住天堂是真的，並且要為他已準備好進入上帝恩典裡的永生感到感恩。我明白也全心地相信。當然，我們都希望父母能永遠陪伴在孩子身邊，參與我們生命中發生的每一件事。

一個父母的擔子

以前我們時常嘲笑父親太過於擔心一些事。現在我發現，看著鏡子裡的自己，我也想知道，從什麼時候開始我也會為大小事操碎了心。彷彿我父親從鏡子裡在看著我，我發現自己為一些家裡的事情與經濟，還有所有成人必須面對的事開始煩惱擔憂，就如同我父親一樣。我們在很多地方都非常不同，但是我也越來越看得見我們的相同之處。我把這些歸功於我的父親和母親，他們把最好的特質都遺傳給我，尤其是在他們的信仰與堅定的心上面。

我終於明白了我父親的使命，就是要完成上帝為他所預備的計畫，以及幫助他的孩子們走得比他更遠。他來自一個非常窮困的移民背景，而且直到最近我才發現我父親也曾被一個班導師霸凌過，因為當時他是學校裡面極少數的基督徒之一。他自己的父親是塞爾維亞的和平主義者，因為他們在軍中拒絕配備武器，所以他的家人們曾因此被霸凌與排擠。

在父親快要過世的時候，他較常聊到他的人生，我也因此可以看見更多父親的視野。上帝推著我，使我成為一個基督徒的榜樣，但我在基督裡的使命，是受到父親與母親的犧牲、智慧與教導澆灌的。父親有好多年身兼三份任務，同時為教會的植堂服事、輔導弟兄姊妹，並且扶養他的三個孩子。

我父親與我唯一有過的一次大爭執，就是為了我的信仰。當時我覺得我可以在信仰不被影響與同化的情況下，去探訪其他教會。因為我的祖父母當年只能秘密地實踐他們的信仰，所以在我父親的成長背景裡，人們對於自己的教會與教派具有極高度忠誠。他希望他的孩子們能與家人一起上教會，即便我們已長大成人也一樣。父親總是說：「如果這間教會對我的孩子們來說不夠的話，那對我來說為什麼就夠呢？」

這個問題一直到我二十幾歲，並且開始在很遠與很多不同教派裡演講之後，越變越大。我想要成為基督的士兵，去世界各地分享我的見證，父親則想要我追求一個在會計與商業管理領域裡的職業。他覺得我比較適合待在辦公室裡工作，多過於飛行到世界各地。

因為我在我們的家庭教會裡，一直過著相當受庇護的生活，父親因此害怕我會受到其他教會太多影響，多過於我影響人家。我雖傾聽他的擔憂，但是當時我已感受到上帝的呼召，而且是非常確信。

在那個時候，我唯一能做的就是向神禱告，希望祂能看顧守護我父母的心。我感受到的這個呼召，是他們不想要我去做的。我們對於我的未來，看見了不同的異象，為此起爭執。最終，父親看見了我可以真的進入這世界，並沒有失去我在信仰上的焦點。

我盡一切努力去尊榮我的父母。很感恩我最後完成了我的會計與財務規劃學位，因為我從這學習的內容當中獲益良多。我很感恩後來我回應了上帝的呼召，去到世界各地，帶給許多人盼望，並且在他們心裡種下信仰。我在天上的父為了這個工創造了我，而我在地上的父一直以來都是啟發我的榜樣。

透過他的健康危機與他這一生所走過的路，我父親在上帝裡的信仰堅固了他的心。能看見他把信仰透過行為行出來，真的是一個祝福。他的盼望提升了他的格局，去超越這些挑戰與癌症的狀況。他對神的感恩有了一個新的高度。他和我母親為他們所曾經擁有的時光，感到非常被祝福。

在我父親還有體力寫作時，我請他為你們寫了一些離別建言。當時我不太確定他是否願意寫——他是一個很謙卑的人——但我很高興他動筆了。下面是他寫給你們的，一字未改。

〈身為一個父親的反思〉

鮑里斯・胡哲

疾病與病痛可以奪走你的健康，甚至性命，但它們沒有辦法奪走你的平安，也沒有辦法奪走你的信仰。當你面對第四期的癌症時，你要一往如常繼續你的信仰與信心。你要禱告，你要信靠神。這一直都是我的方式。

聖經上說我們的日子已經限定，所有發生的事都是上帝允許的；若沒有上帝的旨意，就連一隻麻雀也不能掉到地上。最終，這給了我平安，無論我接受化療或是喝果汁或是做任何其他的事都無所謂。我相信我們不能改變或是加添一天在我們的生命上，除非上帝預定。

沒有任何事能影響上帝改變祂的心意。祂早就已經考量過了一切。有些人反駁說，上帝是會改變祂的想法的。他們引述聖經裡的經文，先知以賽亞（Isaiah）被差派去告訴希西家王（King Hezekiah），當留遺囑給他的家，因為他必死不能活了。這位公義的王很難過，並且向神禱告。

有趣的是，神讓以賽亞回去找希西家王時，卻告訴他神已經加添了十五年的壽數給他。有些人說這是上帝改變了祂的心意。但在我的看法裡，上帝是知道未來的，所以，從一開始祂就預備好這十五年的壽數。這位王能活多久都是已經預定好的了。

我相信如果上帝決定要拯救我，我就會被拯救。有些人會有這樣的心態，是因為他們覺得上帝已經預定了，我們生命結束後會上天堂或是下地獄，但我相信這是在錯解自由意志。上帝把選擇權給了我們，但祂也知道我們的選擇會是什麼，並且可以預知會發生的事。上帝是完美的，祂永遠都是對的。

醫生原本告訴我，我可能只有二到六個月可以活，而此刻，正在寫這段建言的我，已經活了十三個月。我可能還有一年，或是另一個十年。基本上我把我的生命交給上帝亙古的智慧。我相信我不會在祂量給我的前一天或後一天死去，所以我對於此事感到平安。

我相信耶穌在地上的時候，也經歷過相同的感受。祂知道上帝已經預表了祂死去的時間。當仇敵威脅耶穌要把祂丟下懸崖的時候，祂的死期還未到。但當日期到來時，耶穌說：「時候到了。」

祂是道成肉身的神，並且知道這個事實。我相信上帝已經給了我壽數的加添，為了這個我覺得非常感恩，並且保持盼望。我們教會的一位女士也同樣在罹患癌症後，被診斷只能活六個月，可是在罹癌的十一年後，她仍舊持續堅強地活著。她給了我一些鼓勵，對我來說這是很好的消息。

我的信心在上帝裡面，我知道，最終是祂的心意，而不是我的心意會被成就。我試著活出一個良善基督徒的樣子。但聖經上說，上帝把義人收去，是免了他的苦難與將來的禍患。

我們不知道在未來的前方有什麼在等著我們，所以我們不可能明白死亡可能是一個祝福。上帝的眼看透一切。如果上帝確定我的時間已經到了，那就照著成就吧。祂知道將要發生什麼，而祂也知道我可以或是不可以承受什麼。

我對我的家人們已經預備好接受上帝決定的一切感到安慰。在力克還小的時候，他對死亡與死後的生命有許多的疑問。我想起了三個他在某天問我的問題。

1天堂會是什麼樣子？

2 他在天堂裡會不會有手與腳？

3 我們在天堂裡會不會認出彼此，並且一家人一起生活？

我可能會比我想像的更早找到第一個問題的答案。我當然會希望我有很長很長的時間，可以讓我思考琢磨另外兩個問題。

然而，讓我對這些問題感到高興的是，事實上，我兒子在這麼年輕的時候就認為，有一天我們都會在天堂重聚。我無法想像一個看不見這些家人的天堂。

到目前為止我所延長的壽數，可能是一段時間好讓我們能完全接受，並且給予我們為共同的信仰與基督的價值而感恩的機會。在撰寫本文時，整體來說，我仍然擁有良好的生活品質，同時我為活著的每分鐘向上帝獻上感謝。

我為看見德揚滿一週歲的第一個生日感到感謝，我也看見他開始走路並且很愛他的哥哥，清志。每一天我越來越為所有的機會感到珍惜，我珍惜與他們相處的時間，眼睛所看見的陽光和山水，在教會裡的時光，以及與我所愛的人相處。每個時刻我常常思考，我在想，他們說我不應該還活著的，所以這一切都是額外的祝福啊！

我比以往任何時候更常在不同面向上珍惜生活。至少有一件事就是，我一直都在期待退休並且享受到處旅遊的生活。我們曾計畫一個去塞爾維亞的旅行，但後來沒有去成。我本來希望能看到更多的世界，但這並不那麼重要了。

身為一個平凡人，你可以享受與家人相處，品嚐美食佳餚以及心靈的平安。真的，這該是你生命中所能盼望擁有的一切了。當然，若能再活個十年、十五年，看著我的孫子們長大成人也是很好的。這會是一個很好的祝福，但這沒有比得上被上帝拯救與信靠祂來得重要。

因為我的信仰，使我對診斷的結果並沒有感到徹底的失落，但也有可能是因為我比較奇怪。我只想確認妲施卡（Dushka）未來是否會很好。我們彼此會分享很多事。她掌管家裡的一切財務，所以如果她沒有繳帳單的話，我一定會不知道該怎麼活。感謝主，她沒有了我，不會不知道該怎麼活。大部分的時候我都不知道她是如何運用所有收入的，我告訴她我信任她，只要警長不要出現在家門口說我們要被驅離就好。

我最感恩的是，我們的孩子都擁有對上帝相同的信仰與盼望，所以我知道有一天他們全都會與祂同在。他們全都會有此生之後的生命，而這對我來說是很大的保證。我很欣慰我所有的孩子們都過得很好。力克的殘疾雖然是他早期生命中很大的一個憂慮，但後來他做得非常好。知道力克、亞倫與蜜雪兒會持續過得很好，我就能安心地去了。

當你在面對死後會與神同行的現實時，祂變得格外真實。我可能不會留戀在這裡的一切，因為我會享受在死後其他方面的一切。我不知道在進到下一個階段之後，我是否會記得在這裡所發生的事。我不知道我們會有多少意識。只有上帝知道。天使們也看得到。

我從一些跡象發現我有可能會知道發生過什麼事，因為在啟示錄裡有一段經文說到，那些離世的人問神，祂還要容忍在地上作惡的人多久，才能把審判與恢復帶到這個世界。這至少似乎在暗示，對於那些在天堂裡的人來說，他們是知道地上所發生的事的。

我也為了能夠完成這本，關於扶養力克的書而感到感恩。出席這些簽書會使我們家人之間與信仰都更加被堅固。世界各地的人都知道力克，所以當他在臉書上請大家為我禱告的時候，許多人都為我禱告了。

透過大家的禱告，我相信上帝正在回答和回應。在聖經裡雅各說，如果我們中間有誰患病，所有的教會長老們都應該為他禱告，主會使他痊癒。我照聖經所寫的實踐出來，尋求教會的長老們為我禱告，並且用油來膏抹我。

所有的維他命保健品與果汁都很好，但最重要的，我持續的健康是來自於神。我的生命掌握在祂手中，而我相信這是上帝對於所有禱告的回應。這一切的時間都是祂為我所計算與預定好的。明白這件事，對所有人與其他在我們教會的人來說，都很令人鼓舞。許多人為我禱告，他們說需要我在他們身邊。令我受到鼓舞的是，許多人上前來跟我說，當他們看到我以自信和平靜的方式面對這種處境時，他們的信仰也被更加堅固。

我感受到他們為我禱告的內容被回應了，而這也幫助了他們的信仰。我明白重點不在於對我來說到底有多麼重要，而是在於如何建造那些圍繞在你身邊的人的信仰。就此角度來說，我仍舊是上帝軍隊裡的士兵，以成為其他基督徒的榜樣來服事他們。如我前面所寫的，癌症與其他的病痛可以奪走你的性命，但它們無法奪走你的平安，也無法奪走你的信仰。

12 無論遇到什麼

No Matter What Comes

自從父親在二〇一五年秋天被診斷出癌症之後，我們有過許多認真的家庭討論。其中一個我們討論到的問題就是，我們家族似乎容易得癌症。我父親的兄弟就是因為胰臟癌而過世的，其他親戚們則都死於大腸癌。自然而然，我們為此會有些擔心。根據這樣的家族病史，疾病可能會透過各種形式，再次打擊我們家族。

佳苗一直督促我每年去做例行的身體檢查。我了解她這是在看顧我，她知道我會儘可能地避免去看醫生和醫院。我這一輩子花了好多時間在被檢查與被醫師挑剔上面，所以除非生了很重的病，不然我不太會主動去看醫生。

醫生們看到我也不是太興奮。由於我獨特的身體，對大多數人來說的常規醫療程序，在我身上會變得更加複雜。例如簡單的量血壓或是驗血，都會成為一項挑戰，因為護士無法從我手腳的大靜脈上完成這些檢查。

我也很排斥體檢，因為我們曾經為了清志莫名的疼痛，去到急診室好多次。當時我整個人完全被醫院的等候室，與整個醫療環境所帶來的折磨，給消磨殆盡。

即便如此，還有另外一件事在督促著我去看醫生。我沒有告訴佳苗或任何人，在得知我父親診斷結果的前幾週，我經歷過與清志類似的抽痛。疼痛的感覺只有幾秒鐘，並且斷斷續續，一週大概也只有幾次。

如果這些描述對你來說太過瑣碎的話，我向大家說聲抱歉，但也沒有更好的方式來說明這樣的經歷了。簡而言之就是，我上廁所的時候會有疼痛感。因為並沒有很頻繁，我可能忽視過它幾次，但就在我父親的診斷報告出來之後，我感覺到為了對家人負責，應該要去做身體檢查。

聖經裡告訴我們，當希西家王生重病並且面臨死亡時，先知以賽亞告訴他：「耶和華如此說：你當留遺命於你的家，因為你必死，不能活了。」（列王記下 20:1；NIV。）

當時，我所顧慮的不是自己的死，而是除了父親的末期癌症之外，我們還在對抗清志的莫名疼痛。同時面對這些處境讓我感到非常無力。當我看見我父親把恐懼交託給上帝，並且把他自己的生命放在祂手中的時候，這非常地啟發我。當我告訴他我有多欽佩他的平靜與接受的心時，我父親用馬太福音 6:27 告訴我：「你們哪一個能用思慮使壽數多加一刻呢？」

父親沒有花時間在懊惱、自憐自艾或是哀傷上，而是全心地把他所有力氣都花在處理後事上，這樣我母親就不用在他過世之後，還要處理任何重大的事情。

我對於父親所做的這一切感到欽佩。我感覺我們好像不是在同一個水平上。我告訴自己因為我比較年輕，我的家人們也比較年輕，在我前面至少還有半個人生的歷練在等著我。我父親他六十幾歲，而我當時才三十出頭。

他在靈性上很成熟，而我還沒有到達那個境界。這對一個行遍世界各地，透過信仰啟發他人的人來說，是一個很謙卑的領悟。我擁抱這樣的謙卑，這一定是上帝的計畫，因為祂一直在供應我不斷使我謙卑的經歷。

當時我正要遇到人生中使我謙卑下來的最大經歷。

行過幽谷

當我去做體檢時，我的醫生幫我排了核磁共振掃描（MRI）和照大腸鏡。一般來說，這些檢查在門診病人身上都是很一般的程序，但對我來說並不是。因為醫護人員無法隨時監測我的血壓，或是給我靜脈注射輸液，所以醫生們必須要從我的頸靜脈下手。相信我，這不是一個很令人愉快的念頭或是經驗。

手術麻醉，是我遇到的另外一個挑戰。通常手術所使用的麻醉配方都不適用於我的特殊身體。一般人的使用劑量，可能很容易就會使阿力（力克）進入永久性昏迷。

當時，對這位為我看診的醫生來說，我是他的新病人，所以他還需要做許多研究。在研究過所有選項之後，他建議我做一個虛擬的人腸鏡，代替原本一般的方式。說實話，當他說出這句話的時候，我整個笑了出來。當時在我腦子裡有個畫面，他戴著虛擬實境的眼罩裝置，在我的消化系統裡玩電動遊戲。

「不完全是這個樣子」他說。這個高科技的方式不需要為我麻醉，而是結合電腦斷層掃描、X光，以電腦描繪出消化道的 3D 立體圖。

關於敏感度的問題

只要不用到侵入性治療程序，我一定會很樂意去看醫生。但壞消息是，因為我不會被麻醉，這個虛擬版的大腸鏡會很痛，而且它還比一般的大腸鏡貴。但因為我對麻醉這件事非常戒慎恐懼，所以最後我同意做虛擬大腸鏡，雖然對於可能會有的疼痛我持非常保留的態度。

我說服自己，他們好歹總會給我一些止痛藥，至少一顆小藥丸什麼的。你知道嗎？對於疼痛這件事，我有過一段很長很痛苦的經驗，但我有一個很好的半科學理論，可以解釋我為什麼對於所有牽涉到醫生、醫院，特別是針頭的事感到極度懦弱。

我相信我的神經末梢過度敏感或過度活躍，或者反正是過度。有些人的皮膚比較薄；而我是皮膚比較少。我擁有比大多數人少一半的皮膚面積，所以我覺得這可能也是原因之一。我的觸覺似乎比一般人多了十倍敏感度。如果有一隻蟲爬到我的身上，我馬上就會知道，而這對一個沒有手腳可以把它們拍掉的人來說，真是有一點令人抓狂。

我曾經寫到一個關於我在歐洲公路之旅的惡夢。當時我們在旅館裡開了一個窗戶，結果我被特蘭西瓦尼亞的蚊子叮咬到全身紅豆冰，因為我完全沒有辦法用手打蚊子。這些吸血蟲造成的搔癢差點讓我暴走。

早在這個可怕的經歷之前，我在澳洲還有一次更可怕的童年經歷。當時我還以為自己是不是瘋了。那個時候我大概十三歲左右。有一次我感受到有看不見的東西爬在我臉上、頭髮、胸口和肩膀上。

我去照了鏡子，但沒看見任何東西，可是我非常確定有東西在我頭髮裡面爬。這個感覺使我的臉部抽搐，頭皮發癢。我跑到鏡子前，檢查抽搐和發癢的地方，卻都沒有看到任何東西。這個令人毛骨悚然的爬行觸感，有時候會停一陣子，然後又開始繼續。這個感覺非常真實，雖然肉眼看不到。我求我母親幫忙看了好幾次，她也找不到任何東西。所以我求她幫我抓抓癢好讓我舒服一點。

我真的以為我快瘋了，我母親也這樣覺得。直到有一天，我又感覺到臉頰上有東西在爬，我立刻跑去放大鏡前，打開了大燈，但是就在我準備好一切，並且想看看到底是什麼東西的時候，這個感覺又消失了。於是我決定等一等，看這個感覺是否會再回來。

在打獵的時候，我可以非常有耐心，我可以看著一條魚線好幾個小時。所以我把自己當漁夫時的耐心，用在追蹤發癢來源上面。我邊等邊看，大概隔了二十分鐘左右，我又開始有感覺了。

我在明亮的燈光下看著鏡子，而這次我看到一個很小的點在我臉頰上爬行。我眨了眨眼，然後再看清楚些，它在那裡！

事實證明！

我並沒有瘋耶！

我臉上的蜱，或者不管那是什麼，看起來比這段句子的句點還要小，但那絕對是某一種可怕的爬行動物，它慢慢爬過我臉上。我大聲呼喊母親，結果她過來幫我看了一會兒才發現。她終於也看見了。

「噢，力克，你有蝨子。」她遺憾地說。

我？蝨子？力克？（編按：英文的蝨子 Nit 與力克 Nick，兩字非常相近。）

「什麼是蝨子？」

「我的兒啊，是頭蝨。」

我母親是專業的醫護人士，所以她的診斷完全無須懷疑。她知道如何治療並且除掉頭蝨，但對於發現這樣的事並不是很開心，因為如果一家人裡有人得了頭蝨，那代表全家人都有可能會有，都需要被檢查。並且一旦發現頭蝨，大家都需要接受治療。

母親當時可能有點震驚，但我卻很高興終於知道到底是什麼在騷擾我。我大概比所有有頭蝨的人都更加開心。我接受我有頭蝨這件事，而且感謝主讓我知道我只是被蟲子弄得很煩，並不是瘋子。

我母親在藥局買了處理頭蝨的藥劑，但是我們必須先找到頭蝨到底是從哪裡來的。答案其實並不難發現，只是有一點噁心。我們一路追蹤頭蝨到我房間裡，發現這個鬼鬼祟祟的小蟲，是從我窗戶上的紗窗來的。牠們在屋簷下一個空的鳥巢裡築巢。為了除去這個源頭，我們把鳥巢移走。然後母親用這個含藥劑的洗髮精，幫他這個寶貝兒子洗頭除蟲，結束了我這個可怕的臉部爬行的體驗。

健檢大冒險

不是那麼多人都可以感受到，如此微小的生物在臉上爬行的感覺。在這次事件發生之後，大家都一致認為我有極度敏感的肌膚。這極高的敏銳度很不幸地，也使我一看到任何身穿白袍、拿著皮下注射針頭的人就火冒三丈。

很多人都很害怕針頭，沒有人喜歡打針，但我在一聽見要打針就會暈過去的事情上可是出了名的。不用我說，當這一天慢慢接近時，我真的快要崩潰了。後來因為我的排程被搞錯，讓我感覺彷彿站在懸崖邊緣，差一點就要墜落。在照大腸鏡的前一天晚上，必須先喝瀉劑。如果你經歷過這個過程，就一定知道這有多可怕。即便從來沒做過這樣的檢查，你大概也可以想像整個過程會有多糾結。

那個瀉劑的味道喝起來，就像粉筆灰和酪奶混在一起的感覺。喝完這個噁爛混合物後的效果，會讓這個世界上最自大驕傲的人瞬間謙卑下來。

我在照腸鏡的前天晚上，很盡責地喝完了它，從預期卻又出乎預期的結果中存活下來。隔天早上，我覺得自己就好像一個優良的士兵一樣，充滿男子氣概地執行了所有要求。我的大腸鏡預約時間是早上十一點鐘，而為了確認地址是否正確，我在預約時間前幾個小時先打了一通電話，向醫生辦公室確認所有細節。

當櫃台人員告訴我找不到我的預約記錄時，我嚇壞了。我大半個晚上都在清腸，結果她告訴我找不到預約紀錄？

「我已經清腸了，所以無論如何我都會來。」我告訴她。

他們可能沒有為我準備好，但我已經為他們準備好了。

那位醫生助理說他們會試著想辦法，把我排進虛擬結腸鏡檢查的等候名單裡，但他們有些擔心我好像用了錯的瀉劑。在爭辯了一會兒之後，他們覺得清腸的目的還是有達到。

我被允許可以繼續。真是鬆了一大口氣！那可怕的藥水我完全不想要再喝下任何一滴。這是我人生中第一次，看到醫生超級開心的。那肯定是一個幻覺，再也不會發生了。

嚴重的威脅

他們告訴我虛擬大腸鏡會很痛時，我以為說的是「虛擬的痛」，不是真的痛。但我錯了，它超級痛。以下的段落可能，再度，可以被歸入「過度分享」的範圍。他們基本上在照X光時會將人充滿氣，我覺得自己就好像人體派對氣球，而且這還不是一個很好玩的派對。

檢查結束後，我真的鬆了一大口氣，但並沒能輕鬆太久。在檢查的過程中，他們發現我一直以來所承受的疼痛的來源，而這來源會帶來很大的威脅。我的膀胱裡有一個腫塊，體積不小，倒掛在一個連接膀胱壁的支幹上。這是個很罕見的情況，讓所有一切都變得更加可怕。

這事令人震驚。醫生說他們必須要將整個腫塊拿去切片，看是惡性還是良性。而這代表了另外一個手術，我這個與眾不同的身體又得承受更多的挑戰。這一次，他們以面罩為我全身麻醉，同時在我的腳上找到一條能夠靜脈注射的靜脈血管。

當然，我們都非常擔心。我很擔心我的父母，他們已有父親這個危及生命的疾病要處理。我也很擔心佳苗，因為她光是照顧兩個幼兒，就已經有很多事情必須忙了。

我很感恩我們是一個虔誠的擁有堅定信仰的家庭。我們每天都會向神禱告，感謝祂所有的祝福，所以當挑戰來臨時，我們不會是那種大難來時各自飛的基督徒。如同購物頻道裡所說的，專線已經開放，就等著我們打電話進去。

我的太太、父母與表堂兄弟姐妹們，還有其他親戚朋友，以及我自己，都為我做了許多禱告。事實證明，我們需要每一個人的禱告，可能還可以更多。我的手術是在我加州住家附近的醫院，上午九點進行的。在他們讓我出院時，我以為最壞的已經過了。

我們還需要等待幾天才會知道切片結果，所以我唯一能做的，就是休息、復原並且等待。

回到家的第一天晚上，上廁所時我發現尿出血尿，而且很疼痛，但我的醫生說這狀況都在預期之內。當疼痛越來越劇烈，並且看見很明顯的血塊時，我們越來越擔心。雖然沒有比腎結石來得那麼疼痛，但當時我還是覺得超痛。

我可能嚎叫了幾次。好啦，我尖叫得像個報喪女妖一樣。我們家裡的幾位護士——我母親和妹妹蜜雪兒——聚集起來商量，最後迅速作出決定：「趕快去急診室，現在！」

回到急診室

遵照醫生囑咐，我一直不斷在喝水，但我的膀胱正在出血，而且血塊正在累積，造成膀胱膨脹。你可以想像，我可憐的身體逐漸變成一顆水球，而且快要爆炸了。

有位家族朋友將我們從急診室大排長龍的隊伍中拯救出來，她就是那位幫助我父親在急診室裡很快就能看診的護士。她帶我找到一位醫生，馬上作診斷。他們放入一根導管先舒緩膀胱的壓力與疼痛，然後再把我移到另一個房間過夜，以便觀察我流血的狀況。

那天晚上蜜雪兒來探望我。她曾經在「憐憫非洲」（Africa Mercy），也是全世界最大的一艘私立醫療船上志願擔任過護士，所以她看過很多，也經歷過很多。蜜雪兒在檢查我的導尿袋時嚇壞了，裡面都是非常鮮紅的血尿，這不是一個好徵兆。

蜜雪兒去找我的主任醫生，但是他當時已經回家了。她要求他馬上回來醫院，對方反駁說有血尿是在預期之內的。蜜雪兒代替我在他面前火力全開，並且告訴他，她知道一個正常的導尿袋應該是什麼樣子，而現在這個情況非常不正常。

當蜜雪兒變成護士超人的時候，你絕對不要惹她。我的醫生回到醫院後，發現她說的是對的。他把我送去做緊急手術，在第一個手術的十六個小時之後，我再度回到手術台。我的血壓掉到了很危險的低點，我的疼痛卻到達前所未有的高點，我尖叫到整個臉都漲紅了。麻醉師很害怕我會暈過去，他後來在我的脖子上做了靜脈注射。我的脖子欸！

佳苗、蜜雪兒以及我的父母當時都在，但他們必須得離開房間，因為我叫得非常慘烈。我這一生從來沒有這樣慘叫過，從來沒有感覺離死亡如此地近，而且我當下絕對還沒有做好心理準備。

是的，我是一個基督徒，表現良好，完全為進入天堂的永生作好了準備，但這並不代表我預備好要離開地球，尤其當我有深愛的兩個年幼兒子與太太時。一想到可能會與他們分離，這個念頭比當下我身體上所承受的任何痛苦都要來得折磨人。

我當時才三十三歲，而我這一生，從來沒有感到充滿這麼多的祝福與愛。當徘徊在死亡邊緣的時候，你的腦海裡真的會很奇妙地跑過一些事。我有一個奇怪的念頭就是，我才剛為我的事工完成了一個十年的計畫，所以上帝應該不會想在這個時間點上把我收回去吧。在那個時候我想起了一句老話：「人算不如天算。」

我當時也有一個念頭就是，上帝正在給胡哲家庭挑戰。我們已經為父親的診斷結果感到哀傷，現在連我自己都感覺到離死亡很近。

「父親可能會活得比我久，」我心想，「這不會是最後的結果吧。」

當他們正在為我的手術作準備時，我感到越來越害怕和驚慌，於是我開始哭泣而且一發不可收拾。我母親靠到我身邊並且問我怎麼了。當時我因為太痛，同時又正在啜泣，沒辦法回答她。我幾乎快要不能呼吸。

我母親的信仰非常堅定，她靠近我身旁輕聲對我說：「如果你的時候到了，沒有關係，因為你知道你會去哪兒，對吧？你會去到一個更好的地方。所以你為什麼要這麼害怕呢？」

我腦子裡唯一能說的就是，「我不想死，這不會是我的時候！」

為了生命而奮鬥

我可以從我母親的臉上以及護士們嚴肅的表情，感受到我的生命正處於危險當中。這不是演習，力克可能要陣亡了。有人說我的血壓還在下降，我的導尿袋塞住了，在我的膀胱上造成極大的壓力。他們很害怕為我全身麻醉，因為我已經在如此虛弱的狀態中。

突然間我的疼痛變得異常劇烈，我當時拱起背來，把整個身體推到半空中，幾乎要飛離病床。他們把我固定起來，並且推出病房。

「待在我身邊，母親，」我哀求，「繼續跟我說話。」

我很害怕在前往手術室的途中就會死掉。一分鐘前我還看得見天花板的炫目螢光燈，後來整個視線就黑掉了。那感覺非常超現實，如同電影一樣。我的生命是否正要消逝於黑暗中？我當時真的很害怕，閉上了眼睛，害怕就會這樣死掉或是進入昏迷，因為我失血過多。

她輕聲說：「禱告，力克。持續禱告。」

「媽，持續跟我說話。不要讓我閉上眼睛！」

我真的沒有誇張。那些專業醫療人員也被嚇死了。後來我母親告訴家族裡其他親戚說：「在那一刻，我以為我們會失去力克。」

最後，他們終於可以給我麻醉，讓我進入睡眠狀態。在他們為我靜脈注射以前，我沒有辦法被麻醉。我在醫院睡了兩天。我流失了全身三分之一的血，這對任何人來說都不是很好的事，而對我來說，即便只是一點小失血都會是一個問題，因為身體裡最關鍵的紅血球細胞，是由身體裡最大的骨頭，也就是手與腳所製造的。但我沒有這些骨頭，造血功能比大部分的人來得有限。

正當一切穩定下來的時候，我又經歷了另外一個創傷。護士和助手在我回家前，正準備帶我進浴室洗個熱水澡。他們把靜脈注射的點滴先拔掉，然後離開浴室去拿毛巾。她才剛離開沒幾秒鐘，我突然覺得左肺塌陷，那感覺好像有超冰冷的水瞬間流入我的肺一樣。然後我的右肺也發生了一樣的事。我很驚恐地呼叫那位護士。

「我無法呼吸！給我氧氣！」我嘶啞地說著。

幾秒鐘內快速反應小組蜂擁進入病房。他們好像有將近二十個人。我以為自己快要休克了，但是突然間，胸口所有疼痛都消失，感覺好多了。我的醫生後來說，這是迷走神經性昏厥，是因為低血壓或是在長時間躺著，之後太快起床所造成的一陣暈厥。

這比我所預期的消息還要好。事實上，我那一天後來就出院了。回到家之後不得不待在床上十天。我的精力遊走在昏昏欲睡與無知覺的殭屍之間。

我取消了一些演講與講道的行程約定。母親前來幫助我，頭幾天她睡在我的房間裡看顧我，好讓佳苗能照顧孩子們。

與上帝的對話

我回到家的第一天晚上，夢到我在戰場上全身是血，但那不是我的血。我在夢裡有手有腳，並且穿得像海軍陸戰隊一樣，當時正在幫助一個朋友在壕溝裡堆沙包。我們身陷在泥沼裡，四處槍聲響起，炸彈正在爆炸。然後，有一朵雲降下來，到離地幾公尺不到的地方，在雲朵與我之間，浮現出一個閃閃發光，好像一朵雄偉的鍍金玫瑰充滿在天空。

我知道這是上帝，是那一位父。祂用一副驚人又有威嚴的聲音說：「我需要你回家，我在上面需要你。來吧。」

語氣裡有一種很深層的擔憂與急迫感，就好像父母因為家裡有緊急事故而打電話給孩子，叫他回家一樣：「你現在需要馬上回家。」

在那一場夢裡，我舉起我的手問：「你說的是什麼意思？」

上帝的聲音再次請求我，「我在上面需要你，請你來吧。」

這一定是夢，因為後來我對神，這位天父，作了有點大膽的回應。在真實的情況裡我無法想像會做這樣的事。我指向身旁正在廝殺的戰場，然後說：「祢在這裡才需要我，不是在上面。」然後我轉過身，做了一個拍打的動作，好像在說：「不要再來煩我了，我有很多事情要做。」

在夢裡我回到壕溝，但沒有幾秒鐘我就聽見一聲槍響，然後一個子彈射中了我的背，從胸膛前面穿出來。然後我在驚嚇與極度喘息的情況下驚醒，但我唯一能想到的就是，原來聽見上帝的聲音是如此美好。祂的聲音好美，那些彩色的雲朵也好美。後來我的心思意念開始感到焦慮，一直在想：這個夢到底是什麼意思？

我不知道這個夢到底代表什麼，我把這事告訴了我父親與叔叔巴塔。他們其中一個人說：「你剛告訴上帝，你想繼續在地上工作，而不是回到祂身邊。」

我不知道對於夢的解析，可以有多依賴與相信。這場夢非常強烈而有力量，也可以理解，因為我剛剛才經歷過一個極度創傷與情緒化的經驗。可能上帝這是在傳遞給我一個信息，或許祂正在告訴我，祂也相信我在地上所肩負的任務——啟發他人來相信祂，並且跟隨祂——的重要性。

感謝主，他們從我膀胱取樣化驗，癌症篩檢的結果是陰性的。我們的禱告被回應了，這意味著我們需要在禱告裡對祂有更多感謝。我的叔叔巴塔，同時也是我們家裡一位很有智慧的人，他說如果身邊沒有禱告圍繞的話，即便一個小小的問題，都可能變大。為了對抗這一次的挑戰，我們無疑是聯手發起了禱告網。我盼望每一個人都能持續禱告。我可能會需要至少再一次手術，來修復因積聚的疤痕組織而依然存在的問題。

感謝上帝讓我繼續進行祂在地上的工作。我尋求祂的幫助，因為我信靠祂，就如同我們所有的人在地上的這一生一樣。

逆境中的力量

在我年輕的時候，我相信上帝會引導我度過任何挑戰，因為我的目的是要來行祂的工作。近幾年來我學到，上帝同時還會容許我們遭遇挑戰，來試煉我們的信仰。這幾年，我感受到我所經歷的一些低谷，並且直接面對到很個人與職業上的攻擊。我當然非常不享受被試煉，但我必須得承認，我的信仰比以往任何時候都來得更加堅固。

最近我們請了一個很認真勤勞的傢伙，來幫忙整理佳苗母親達拉斯家裡的樹，因為它們已經開始長出院子外了。就是在這次經驗之後，逆境中的力量，這個念頭浮現在我的腦海裡。院裡有一棵樹已經枯死，需要整棵剷除；另外一顆樹則非常漂亮，但有一些很粗大的枝幹會造成威脅。

愛斯梅拉達擔心這些枝幹在強風或暴風雨來襲的時候，會傷害到房子本身。所以在我們前去探望時，我主動提出幫助她找人，來砍除這些有潛在威脅的枝幹。

朋友們推薦了這個人，我就叫他羅倫佐吧。他是一個矮小瘦弱的園藝師傅，開著一輛大卡車，後面拖著一個大拖車，上面載滿了割草機與修剪樹幹的工具。因為這些樹非常高大，我們預估他會帶一整組團隊來處理，但，當下只有羅倫佐一個人。

我看著那棵樹，然後再看一看他，想著一個人怎麼能處理如此龐大的工作。當下還以為他只是來給我們一個估價而已。但就在我們同意他合理的報價之後，他走向卡車，拿出繩子與電鋸。

我原本以為他拿出繩子是要把自己固定在樹上，為了安全。但他反而是用繩子把電鋸綁在腰上，然後，開始爬上那巨大枯死的樹幹，就好像一隻真人版的松鼠一樣。在爬到樹的上半部時，他發動電鋸，然後枝幹很快就從半空中掉下來。

滋滋……嗙噹！

滋滋……嗙噹！

羅倫佐很明顯知道自己在做什麼，因為不到半個小時，那棵枯死的樹上，除了主幹以外什麼都不剩了。而圍繞在那棵樹旁邊的，是一堆堆木頭與枝幹。羅倫佐把那些木頭與枝幹鋸成一段一段，放進他的拖車準備拖走。

那時天空開始出現厚厚的雲層，逐漸變暗。我以為羅倫佐會先打包收拾，另找一天再回來修剪另外一顆樹，可是當我看向窗外時，發現他看了看天空，然後端詳著那棵樹。就在我往外走之前，他又把梯子架在房子外面，然後爬上屋頂。電鋸仍舊綁著繩子掛在他的腰上，他迅速幹練地發動電鋸，開始接連鋸著枝幹，並且確認它們是落在地上，而不是房子上。

滋……滋。

二十分鐘後他回到地面，鋸開那些枝幹並放到拖車上。當他的電鋸聲停下來時，我準備出去付錢給他。

「你真的很勇敢無懼，而且速度超快的！」我用西班牙文跟他說。「我不知道你是如何一個人辦到這一切的。」

羅倫佐邊笑邊用手帕擦著眉毛與脖子上的汗。「我請我的團員來一起做，但他們說暴風雨快要來了。所以我決定一個人完成。」他說。

我告訴他，我們對他工作認真的態度與速度，印象非常深刻，而他用了下面的這段故事來回答我。

我六歲大的時候，開始在我老家父母的農場上工作，我的責任就是要看顧那些山羊群。我會陪著它們一起出去在牧場裡吃草。牧場上沒有樹，所以當一場暴風雨來臨時，完全沒有地方可以躲藏，有時候甚至會下冰雹。被冰雹打中真的是我這一輩子最痛的經驗。我會尖叫，然後全身上下都會有烏青，但是我仍然要讓羊群待在一起，並且保護它們。當下我學會了面對痛苦，它讓我變得堅強。現在，在任何的情況下工作我都不會害怕。

當上帝讓我們經歷試煉，我們向祂尋求力量的禱告被回應時，我們在信仰和性格上都會變得更加堅強，同時在面對接下來的挑戰上，會有更多的充足預備。羅倫佐帶著一個從小走過無數風雨的養分，自信地爬上那棵樹。他的體格非常強壯，沒有錯，但他在信念與性格上的力量，更加強大。

我們都會遇到暴風雨，會經歷好的月份與壞的月份，好年與壞年。在最壞的時期裡，如何面對和管理自己，決定了我們在最好時期裡的樣子。

我絕對不會告訴你上帝想要你變得富有，我絕對不會告訴你祂想要你有一個安逸的生活。我在聖經裡讀過太多實證說到，我們需要做好面對暴風雨與試煉的準備，我們需要帶著喜樂面對這一切，因為暴風雨會產生忍耐與信心。

使徒保羅曾經三次求主把一根刺從他身上拔去。上帝說了什麼？「我的恩典是夠你用的，因為我的大能在軟弱中得以完全。」作為回應，保羅寫說：「因此，我反而極其樂意地誇耀我的那些軟弱，好讓基督的能力遮蓋在我身上。」（哥林多後書 12:9）

就我對這段經文的理解，保羅當時有許多異象與啟示，而這可能會使他感到驕傲或是自負，所以那根加在身體上的刺，是一個讓他保持謙卑的提醒。許多基督徒有一個理論，認為保羅的這根刺其實是一個疾病的隱喻，是上帝用來提醒使徒，健康的身體是一個祝福，而我們都需要向上帝尋求祂的力量。

不要因為身體不好或是遇到艱難的時刻而感到可憐；反之，利用這個時期來建造你的信心，加上比以往更加勤奮的禱告。這裡面額外的益處是，身為基督徒，你會成為他人生命裡一個很棒的例子，因為信仰唯有在遇到試煉的時候，才會變得更加堅強。上帝的恩典夠你用的，祂的能力在我們軟弱的時候顯得完全。

在閱讀完這本書之後，我現在對你的希望就是，你對於身為一個基督徒感到更加堅固，並且因為被啟發而開始在面臨人生挑戰時，學會支取信仰的力量。我也盼望你得到鼓勵，面對那些尚未加入你與主耶穌基督一起同行的人，開始分享你的信仰。在上面這些篇幅裡，你已看到許多這樣做的方法示範，我盼望當中能有些例子啟發了你，去找到你自己的方式，有一天你也可以走進天堂的大門，被那些曾經受你邀請一起進入喜樂永生的人包圍。

上帝會使用故事來激發信仰

——分享福音

力克的最新近況

二〇一七年，對於整個歐洲來說，是非常特別的一年，因為許多地方都在慶祝宗教改革五百週年。因為這個重要的歷史紀念日，使我有機會去到許多國家演講，諸如義大利、法國、瑞士、白俄羅斯以及烏克蘭等。在這些地方我可以在電視或是網路直播上露面，對幾百萬人分享福音。

在我寫到這本書最後幾句話的時候，我正在調時差，但同時也在準備要前往俄羅斯索契對四千名學生演講的內容。我已經去過烏克蘭的首都基輔演講。在那裡，八千人聚集在市中心的主要街道——赫雷夏蒂克街（Khreshchatyk Street），同時還有上千人透過電視觀看轉播。

那次的信息被翻譯成二十種不同的語言，播放到二十六個其他國家。

在基輔演講的那次，我的摯友約瑟夫・邦德藍克（Joseph Bondarenko）與我一起站在台上。我把他當成我的家人。約瑟夫告訴廣大的聽眾，為什麼宗教改革對他有著個人層面的影響。就在幾十年前，他因為他的信仰，被蘇聯國家安全委員會（KGB）列為「頭號通緝犯」。他們就在距離這個舞台地點的不遠處逮捕到他，並且把他關入監牢。這個故事的結尾就是，約瑟夫，我在基督裡的弟兄，現在可以大聲宣告，耶穌是主，並且分享他的見證。就站立在靠近他當年被逮捕的地方。

在演講的尾聲，我問觀眾是否有人想要與耶穌開始一段信仰之旅，並且承認祂是君王與救主。我們估計有四千名觀眾在基輔舉起了他們的手，表示願意為自己的罪悔改，並且邀請上帝做王，在他們生命裡掌權。除了現場這令人難以置信和興奮的回應之外，我在想，在電視機前有多少觀看的人也做了這個決定？

我的太太佳苗，那天和我一通上電話，兩人就一起哭了，因為沒有人能保證，當時恐怖份子是否會破壞演講現場。那時候的那個舞台，被許多充滿玻璃窗戶的高聳建築物包圍著，這讓我完全暴露在潛在射擊手的射程範圍內。我們都知道，生命本來就有可能隨時會有突發意外，讓我們回到天家；我在那一天完全可以想像到，會發生的最糟糕情況。但我們一步一步向前走，上帝總是會給我們勇氣與信心。

在烏克蘭，我很榮幸能與這些主辦人員合作。他們獲得政府批准，籌備了這整個活動。

也是同樣的一群主辦人員曾在二〇一六年幫助我來到烏克蘭，與政府官員會面，並且帶著他們一起雙膝跪下，做了一個禱告。那一場活動同時也在電視上被轉播。

後來我們從廣播公司那裡得知，這一段與國家政府官員的八十分鐘轉播內容，是他們過去五年所有節目中收視率最高的。

能夠走進一個國家，並且被政府與全國媒體張開雙手歡迎，來分享我的故事，真的是一個奇蹟。我很愛哥林多前書1:27，說道：「神卻揀選了世上愚拙的，叫有智慧的羞愧。」

我們知道上帝可以使用我們每一個人，而我們的背後都有一個故事。我盼望我的故事能把信仰與勇氣澆灌在你身上，讓你看見上帝能使用你做些什麼，並且透過你，讓你看見祂真的是那位使萬事都變為可能的神。

那張專輯

我曾經觀賞過蒂龍・威爾斯（Tyrone Wells）的演唱會，並且見證到他的歌曲如何觸摸到聽眾的心。他是一位基督徒，但在沒有提到耶穌這兩個字的方式下，他在歌詞裡述說著他的信仰與耶穌的盼望。二〇一〇年，我們的事工接受了一項重大任務，就是讓我為他的其中一首歌曲獻唱，這首歌歌名叫More。蒂龍現在是我的好朋友。

我們後來拍了一支MV，並且取名為Something More，盼望這首歌能觸摸並且啟發許多人。在這支MV裡，我塞進了一小段見證分享，而到目前為止已經有超過六百萬人在YouTube上觀看過了。影片下面那些積極正向的留言，讓這整個合作變得非常值得。

因為我知道上帝會使用故事來激發信仰，所以我們的團隊聚集了一些朋友——喬恩・費爾普斯（Jon Phelps）、蒂龍・威爾斯、喬丹・弗萊（Jordan Frye），以及科倫・米爾斯（Kellen Mills）——來一起集體創作。而現在，我要發行首張專輯的夢想變得非常真實。學習如何創作出歌曲的過程，把我對於音樂的熱情，以及對上帝使用人把歌曲「下載」下來的感激，帶到了一個全新的高度。

然後，很巧地在一次我與出版社通話的過程當中，我被問到是否可以寫一首關於「成為手與腳」的歌曲。我的出版社其實完全不知道我已經在創作一張專輯了！我為此感到非常興奮，並且回答：「當然可以！」所以我跟蒂龍與喬丹，在感動中寫出這些歌詞：

手與腳

祂能使用你破碎的心
祂能使它變得美麗
如果你能看見祂的心意

祂能醫治受傷的心
祂能在黑暗裡找到你
如果你能看見祂的心意

神啊我把我的手與腳給你
祢可以擁有全部的我
成為我的一切
耶穌

祢是平安之王
祢讓被擄的得釋放
祢是我的一切
耶穌

在這絕望之地
伸出手想抓住真實
有一種愛能改變一切

讓我的生命成為一種反映
當世界看著我
就看得見耶穌
去愛那些充滿需要的
就如同祢如何愛我

我們希望在二〇一八年能發行這張專輯，《更美好的世界（Brighter World）》，而我們禱告許多人能被每一首歌背後的故事觸動。

——致謝

上帝把這些關鍵人帶到我們面前

我完全沒有辦法用言語來感謝我的作家經紀公司，Dupree Miller & Associates；我的出版社，WaterBrook；以及我的代筆人，衛斯・史密斯（Wes Smith），謝謝所有相信我，並且透過翻譯成超過五十五種語言的書籍，幫助我把話傳達出去的人。

我非常感謝在早期服事裡那所有相信我的人，在我還是一個青少年，剛開始在澳洲傳道的時候。我還要感謝那些幫助我移居到美國，在南加州成立「沒有四肢的人生」的人——喬治・米斯卡（George Miksa）與伊莉莎白・加夫里洛維奇（Elizabeth Gavrilovic），他們也是組織的創始員工。還有我的叔叔巴塔・胡哲，也是創始的董事會理事。上帝也使用了大衛・普萊斯（David Price）來資助「沒有四肢的人生」第一年的營運，而他也成為董事會的其中一員。謝謝全體「沒有四肢的人生」團隊，謝謝你們這麼多年來，在所有高低起伏裡的支持與努力。

我對於我們的事工能走到這麼遠，感到敬佩。上帝把這些關鍵人帶到我們面前：董事會理事、董事會顧問、超棒的團隊員工、Aria的團隊教練（他每天都在為我們禱告），以及持續在財務上支持我們的每個人、全球協調員，與所有更多的人。

每一個為我們的事工禱告，相信上帝呼召我們來做這一切的人，我想要對你們獻上感謝。非常感謝上帝持續把我們放在各個舞台與道路上，去打破許多障礙，並且建立起人與耶穌基督的盼望和愛之間的橋樑。我們很感謝所有讓我親自分享見證，並且同步播放信息到更多地方的教會。特別要感謝在南加州的教會，他們在我們的新帳篷外展的項目上，給了很多鼓勵與充滿信心的支持。

我也為目前正在籌設的所有視頻資料庫感到開心。我們用了許多不同的語言，對這些影片進行字幕翻譯。我也很感謝監獄事工，以及一起在「青少年挑戰」福音戒毒中心完成福音佈道的朋友們。謝謝「一心學生佈道團」以及他們的合作夥伴，讓我們看見公立國高中能夠有更多的聖經社被建立起來，並且給予教會更多力量，來發動傳道工作到這些校園裡。

我很感謝我的組織「態度決定高度」，它讓我可以去到一些不能過於公開傳講福音的地方。對我與我的家人來說，有一個很大的祝福，就是我的弟弟，亞倫。他幫助我們在全世界各個地方，瀏覽尋找這些勵志演講的機會，當中還包括訓練與輔導。我們同時也正在建立一個教育資源公司，並且致力於投入電影產業。

我做的所有一切，都是為了種下盼望、信心與愛的種子。無論是透過電影、歌曲、對學生講說校園霸凌，或是在政府演講中談論特殊需求孩童如何融入社會，我全心投入並且透過所有的事情，專注在一件事上，就是使人們看見上帝在他們身上的心意與計畫，並且被這個真理所吸引。

我看著我的家人，就為我這一生所接收到所有的愛由衷感恩。但，我最要感謝的就是我的靈魂伴侶，佳苗。每一次我在外奔波的時候，眼眶就會不由自主充滿淚水，我非常敬佩她。不久之前我與她在教會裡，當牧師講到誘惑與聖靈的果子時，我告訴她我真的娶了一個神聖的女人。她笑著說：「噢，寶貝，我一點都不神聖。」但我想要你們知道，我有多被祝福，能娶到一個近乎神聖的女人為妻。她是我的磐石與一切，她讓我更加靠近上帝。我們深愛彼此，同時知道我們才剛剛開始這個奇幻的旅程，加上兩個孩子……還有當你在閱讀這本書時，加上另外兩個！

佳苗，我全人全心地愛你，妳永遠會是我最好的朋友，與我所能想像到的最好的禮物。能與你一起生活，看見上帝如何持續運行在我們生命當中，真的是一件非常被祝福的事！

成為上帝的手與腳：不完美的超完美人生/力克・胡哲Nick Vujicic 著./
雷應婕 譯 -- 初版. -- 新北市：好的文化, 2019.01　面；　公分；譯自：
Be the Hands and Feet: Living Out God's Love for All His Children
ISBN 978-986-5626-81-5（平裝）

1.基督徒 2.信仰

244.9　　107016736

內在小革命48
成為上帝的手與腳：不完美的超完美人生

作　　者／力克・胡哲（Nick Vujicic）
譯　　者／雷應婕
美術設計／陳姿妤 chentzuuyuu@gmail.com
圖像提供／力克・胡哲（Nick Vujicic）
　　　　　達志影像

社　　長／陳純純
總 編 輯／鄭　潔
主　　編／梁志君
編　　輯／唐岱蘭

整合行銷總監／孫祥芸
整合行銷經理／陳彥吟
北區業務負責人／陳卿瑋（mail：fp745a@elitebook.tw）
中區業務負責人／蔡世添（mail：tien5213@gmail.com）
南區業務負責人／林碧惠（mail：s7334822@gmail.com）

出版發行／出色文化出版事業群・好的文化
電　　話／02-8914-6405
傳　　真／02-2910-7127
劃撥帳號／50197591
劃撥戶名／好優文化出版有限公司
E—Mail／good@elitebook.tw
地　　址／台灣新北市新店區寶興路45巷6弄5號6樓

法律顧問／六合法律事務所 李佩昌律師
印　　製／皇甫彩藝印刷股份有限公司

書　　號／內在小革命 48
I S B N／978-986-5626-81-5
初版一刷／2019年1月
定　　價／新台幣350元

出色文化
臉書粉絲團